サッカー「いい選手」の考え方

個とチームを強くする30の方法

STYLIST
鬼木祐輔

池田書店

© PA Images/amanaimages

この 2 枚の写真は、

どちらもゴールを狙ってボールを蹴ったシーンの写真です。

Q.

© ZUMAPRESS/amanaimages

この2枚の写真を見た時に、

どちらが「**きれいなキック**」だと思いますか?

また、どちらが「**いいプレー**」だと思いますか?

P2 の写真は、フリーキックでゴールを狙ったシーンでした。上のイラストのような状況です。しかし、そのキックは大きく枠を外れ、ゴールになりませんでした。

一方、P3 の体勢が崩れたように見えたキックの写真は、上のイラストのように、ゴール前の混戦でバランスを崩しながらも蹴り込み、ゴールになったキックでした。

ではもう一度問います。「**いいプレー**」はどちらですか？

もちろん、

ゴールが決まった「**崩れたフォーム**」のキックですよね。

この例からもわかるように、「**いいプレー**」をするために、きれいなフォームや上手な蹴り方は、必須ではありません。もちろん上手いに越したことはありませんが、どれだけ見た目が悪くても、怪我なく毎試合ゴールを決めることができるならば、それは「いいプレー」であり、それができる選手は「**いい選手**」でしょう。

サッカーで必要とされるのは、当然「いい選手」です。リオネル・メッシも、クリスティアーノ・ロナウドも、ネイマールも、セルヒオ・ラモスも、「いい選手」だからこそ、あれだけ長い間サッカー界のトップに君臨しています。

彼らのような「いい選手」になるためには、何が必要なのでしょうか？

彼らはもちろん「いい選手」であり、なおかつきれいなフォームできれいなキック、上手いドリブル、鋭いタックルをすることもできます。

しかし私たちは、彼らのプレーを見る時に、きれいなフォームや華麗なテクニックなど、いわゆる「上手いプレー」に注目することが多いのではないでしょうか?「上手いプレー」が発揮される前後に、周囲の選手やスペースがどうなっていて、試合はどういう流れで推移していて、相手との実力差がどうなっているか、などを踏まえて見ているでしょうか?

例えば左の写真の選手のキックはとてもきれいなフォームですが、このキックはどのような状況で、どのような流れで、どのような意思が込められて蹴られたのでしょうか?そういった前後の背景や流れがわからないと、このキックが「いいプレー」かどうかはわからないですよね。

ちなみにこの写真の選手はスコットランド代表のアダムス選手で、2022年ワールドカップ欧州予選でデンマーク代表と対戦した時の写真です。デンマーク代表が2-0で勝利した試合で、このキックは何気ないフィードの場面です。

© PA Images/amanaimages

私は「フットボールスタイリスト」として活動を始めて以来、選手たちに「体の使い方」「ボールの扱い方」という切り口で指導していました。そうした指導を行った時に、選手の動きにも変化が出て、関わった選手がプロになったり、チームが全国大会で優勝したりして、一定の成果を残したため、私も「これがいい指導だ」と思っていました。

しかし、あるきっかけでイタリアに渡り、セリエBの下位クラブの試合を見て衝撃を受けました。選手の動きを見ていると、私が以前指導していたような体の使い方が、自然とできていました。そしてそれは、さらに下のカテゴリーでも、

もちろんセリエAのトップレベルでも、さらには日常生活の中ですれ違う一般の人でさえ、私が当時考えていた「いい体の使い方」ができていたのです。

それを見た時に、**「サッカーを普通にプレーしていれば、〝体の使い方〟など考える必要もなく、自然とこの動きになるのでは？」**と感じました。

そんな中で海外生活が本格的に始まり、サッカーと併せて感じたのは、文化や生活習慣といった、サッカー以前の前提の違いでした。その中のひとつが言語です。次のページで、日本語と英語の違いについて考えてみましょう。

日本語の場合

（私が）先生に怒られた。

英語の場合

The teacher got angry me.

これは言語学の参考書にも書かれていることですが、例えば「先生に怒られた」という文を、英語に訳すと「The teacher got angry me」となります。日本語では「(私が)先生に怒られた」ですが、英語では「先生が私を怒った」となっており、主語が変わっていることがわかります。日本語では「私」目線で話されることが多いのに対して、英語では動作の発生源が主語になるため、「The teacher（先生）」が主語になります。

この違いが、人にどのような影響を与えるのか？　言語学の世界でも未だ研究が進められているようですが、ひとつ確かなことは、「視座」が違うことです。

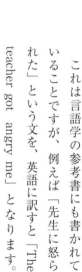

日本語は「私」が視座になることが多い

英語は第三者的な視座になることが多い

視座とは、物事をどこから見るか、という意味。コップを上から見るか横から見るか、経営を経営者の立場で見るか社員の立場で見るか、といったことです。

「先生が私を怒った」というふうに、主語が動作の発生源になる英語は、自分以外の主語が主体になった時に、自分以外の視座が設定されます。「The teacher got angry me」なら、第三者的な視座から自分と先生を見ているようなイメージです。

それに対して、「(私が) 先生に怒られた」というふうに、自分が主語になりがちな日本語は、視座が自分になっていることが多いです。

日本語の視座では、目の前の相手やボールしか見えていない場合が多い。

諸外国語の視座は、自分を含め相手選手やスペースなども認識できる。

言語の違いはあくまで「違い」であり、「差」ではありません。いい／悪いでもありません。しかし、私は英語をはじめとした諸外国語の話者の方が、サッカーをプレーしたり伝えたりするのに向いている可能性があると考えています。

そもそも第三者の視座で話す仕組みになっている諸外国語は客観的事実を共有しやすいため、自分以外の選手がどんな景色を見ているかを想像しやすく、ピッチ全体の状況を把握しながらプレーを選択できる傾向があるからです。

一方、日本語は主観的な言語なので、サッカーのピッチ上でも自分の視座で見た景色で判断しがちです。そうなると、別の選手からの視座や、ピッチ全体の状況を把握できずにプレーすることになります。

サッカーは欧州で生まれ、諸外国語の話者が発展させてきたスポーツです。欧州や南米から〝いい選手〟が多く輩出されている以上、日本サッカーが彼らに追いつくためには、こういった言語の違いや、視座の違いがあることを理解しておいた方がいいでしょう。

私は、まず私たち日本人がどんな視座や前提を持っているかを自覚し、さらに彼らがどんな視座を持っているかを理解した上で、日本人がどのようにその考え方を取り入れ、日本人向けに最適化するかを考えることが必要だと思います。

本書では、ピッチ上のどこに視座を設定するか、その視座からどんな景色を覗くか、覗いた景色の中でどんな判断を下すか、という考え方で、〝いい選手〟の要素を解説していきます。

サッカーをプレーしていても何かうまくいかない、一生懸命がんばっているのになぜか失敗ばかり……という選手や、自分の言葉がうまく選手に伝わらない、選手の力を伸ばしてあげられない、という指導者の助けになれば幸いです。

鬼木祐輔

CONTENTS

この本では、フットボールスタイリストの著者が世界のトップレベルのサッカー指導に関わる中で得た体験と経験を紹介します。1章、3〜6章では21の考え方、2章では14の動きを紹介することで、35の個とチームが強くなる方法を解説しています。

鬼木コーチの伝え方の特徴は、プレーイメージを大切にする独自のサッカーワードと、動作よりも意識を重視する指導方法です。本書では、できるだけ多くの方に伝わるようイラストで解説しました。1章から順番にお読みいただくことをお勧めしますが、気になるページがあればそこからお読みいただいても構いません。独自の鬼木ワードに戸惑うことがないように、用語集も設けましたので、ご活用ください。

サッカー「いい選手」の考え方

個とチームを強くする30の方法

参考文献
小林敏彦『3パターンで決める日常英会話ネイティブ表現［改訂版］』（語研、2018年）
三森ゆりか『外国語を身につけるための日本語レッスン』（白水社、2003年）
熊谷高幸『日本語は映像的である－心理学から見えてくる日本語のしくみ』（新曜社、2011年）
遠藤雅義『英会話イメージトレース体得法－英文の詰まりをスッキリ解消! イメージをなぞって身につける英語発想』（英会話エクスプレス出版、2017年）
遠藤雅義、Victoria Bloyer『英会話イメージリンク習得法－英会話教室に行く前に身につけておきたいネイティブ発想』（英会話エクスプレス出版、2013年）
原沢伊都夫『日本人のための日本語文法入門』（講談社、2012年）
今井むつみ『ことばと思考』（岩波書店、2010年）
篠原信『思考の枠を超える 自分の「思い込み」の外にある「アイデア」を見つける方法』（日本実業出版社、2020年）

1

“いい選手”の定義

「いいプレーがしたい、いい選手になりたい」と思うのは、
サッカーに限らずスポーツをしていれば誰もが思うこと。
ところで、サッカーにおける"いい選手"とは、どんな選手のことでしょうか？
まずは"いい選手"の定義を考えてみましょう。

Section 01

チームを勝たせる選手が“いい選手”の最低条件

“いい選手”になりたいと思うのは、サッカーをプレーしている誰もが願うことです。では、具体的にどんな選手が“いい選手”なのでしょうか？　その定義を改めて確認します。

あなたが思う〝いい選手〟は？

サッカーにおける〝いい選手〟とは、どんな選手のことでしょうか？　みなさんは「いい選手は誰？」と聞かれた時、どんな選手が浮かびますか？　リオネル・メッシ（アルゼンチン）やクリスティアーノ・ロナウド（ポルトガル）を思い浮かべた人もいれば、自分と同じチームに所属する選手を思い浮かべた人もいるでしょう。それらはすべて間違いではありません。

では、みなさんが思い浮かべた〝いい選手〟は、どんな点が〝いい選手〟だと言えるでしょうか？　シュートを決める能力、ピンチを防ぐ危機察知能力、ピッチ内で見せるリーダーシップ、ピッチ外の私生活も含めたプロ意識……人によってさまざまな要素があるのではないでしょうか。

〝上手いプレー〟ができる選手が〝いい選手〟とは限らない

反対に、みなさんが〝いい選手〟になるために必要なことはなんでしょうか？　パスセンス、ドリブルの突破力、シュート力、DFラインを統率するリーダーシップ、競り合いに負けないジャンプ力とヘディングの強さ、相手のシュートに素早く反応してセーブする反射神経……。ここでもさまざまな要素が挙げられると思います。

ここで注意したいのは、**それらの要素が本当に〝いい選手〟になるために必要なことなのか？〝上手いプレー〟をするために必要なことではないか？**　ということです。なぜならプロローグで述べた通り、「上手いプレー＝いい選手」とは限らないからです。

〝いい選手〟の定義

ここで、本書における〝いい選手〟の定義をしておきましょう。みなさんが思い浮かべた選手は千差万別でしょうが、本書では次のふたつの条件を満たすことが〝いい選手〟であるという前提で、話を進めていきます。

"いい選手"
チームを勝たせることができる選手
「やりたいプレー」より「やるべきプレー」ができる選手

「チームを勝たせることができる選手」は、文字通りの意味です。試合を決定づけるゴールを決めたり、逆に致命的なピンチでタックルを成功させて失点を防いだりするなど、わかりやすいプレーでチームを勝たせることができる選手です。

あるいは、目立たないながらも献身的に走り回って味方をサポートしたり、相手にとって嫌なポジションを取り続けたりするなど、いわゆる地味なプレーで勝利に貢献する選手もいます。

勝利への貢献の仕方は選手によってさまざまですが、具体的な形はどうあれ、チームを勝たせることができる選手は、〝いい選手〟の条件のひとつと言っていいでしょう。

チームを勝たせるために やるべきプレーを優先する

では、どんなプレーをするとチームを勝たせることができるのでしょうか？ それが「やりたいプレーよりやるべきプレーができる選手」です。

例えば育成年代などで、こんなシーンを見たことがないでしょうか。ドリブルが得意な選手Aが自陣の深い位置でボールを持ち、自信を持って目の前の相手を抜きにかかり、一人、二人まではかわせてもそのうちボールを奪われ、最悪の場合カウンターで失点する……というシーンです。あるいは、パスが得意な選手が、明らかなシュートチャンスでパスを選択してしまい、結果ゴールを奪えなかった、というパターンもあるでしょう。

サッカーはゴール数を競うスポーツなので、失点の可能性が低く、得点の可能性が高いプレーを選択する必要があります。その前提を踏まえて考えると、前述のふたつのプレーは、自分の得意なプレーを優先し（＝やりたいプレーを優先し）、やるべきプレーができなかった（＝チームを勝たせるプレーができなかった）、と言えるでしょう。

Section 02

チームを勝たせるために **やるべきプレー** とは?

サッカーには無限のシチュエーションと選択肢があります。まったく同じ場面は二度と現れませんが、その中でも“やるべきプレー”を選択し続ける必要があります。では、何が“やるべきプレー”なのでしょうか?

〝やるべきプレー〟は多岐にわたる

チームを勝たせるいい選手になるためには、試合中に〝やるべきプレー〟を続ける必要があります。では〝やるべきプレー〟とはなんでしょうか?

これは具体的に明示することは難しいでしょう。もちろん、ゴール数、パス成功率、デュエル勝率、走行距離、タックル成功数、GKのシュートストップ数など、明確にデータで示せるものもあります。一方で、味方をフリーにさせるための囮《おとり》の動き、相手が侵入したいスペースに事前に入って未然に攻撃を防ぐなどのプレーも〝やるべきプレー〟のひとつですが、データにはなかなか表れません。

それでは〝いい選手〟は何を基準にプレーを選択しているのでしょうか?

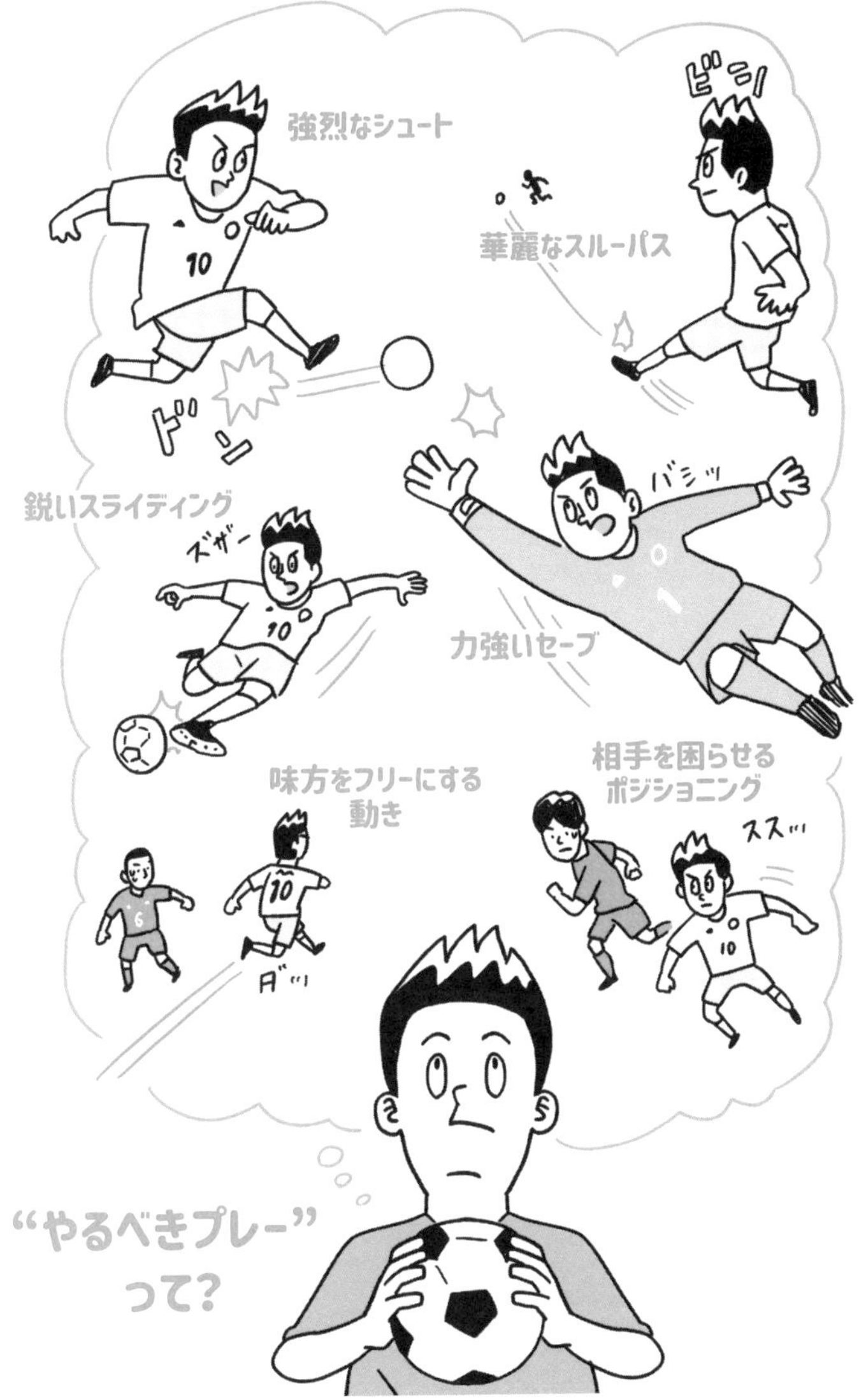

"やるべきプレー"はさまざまにありますが、どんな状況のどんな場面の時に発揮すればいいのでしょうか？

このシーンはどうプレーする？

下図のシーンで考えてみましょう。後半終了間際、1-0で自分のチームがリードしている状況で、ドリブルが得意な選手がボールを持った、というシーンです。この選手は、数人に囲まれても突破する能力があります。

一方で、後半終了間際なので体力も少なくなっており、確実に突破できるかどうかはわかりません。また、1-0のまま数分が経過すれば勝利できる状況でもあります。

この場面では、どんなプレーが「やるべきプレー」でしょうか？　ドリブル突破はせず、より確実にボールキープができる選手にパスを出す方が、勝利の確率が高くなると言えるでしょう。

黒　1-0　緑　89:50　黒チームはどうプレーする？

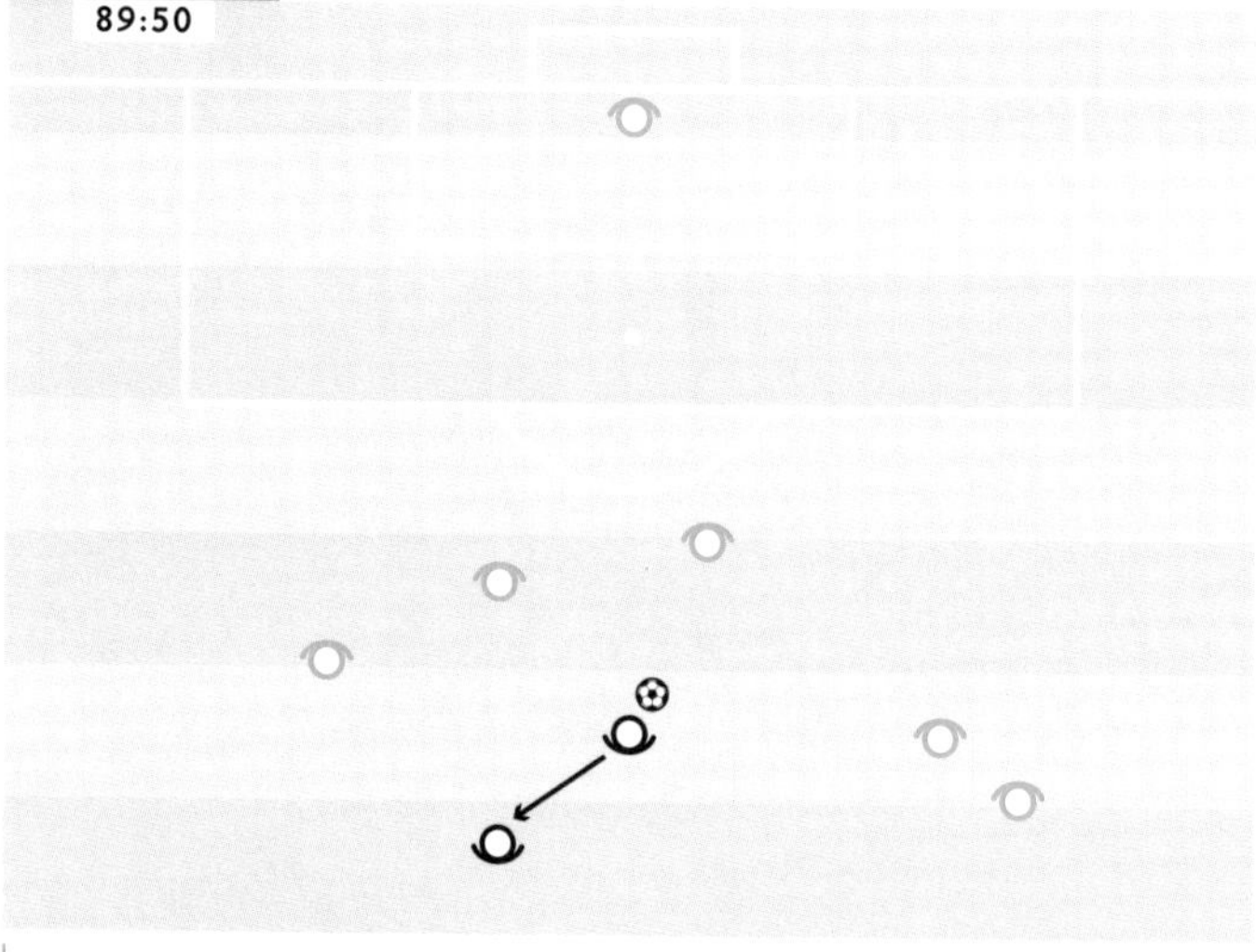

リードしている状況で残り少ない時間に差し掛かれば、無理に突破を狙う必要はありません。確実にボールキープできる選手にパスを出して、試合終了まで時間を稼ぐのがいいでしょう。

〝やるべきプレー〟は結果論でもある

ワンシーンを切り出して確率を述べると前述のようになります。しかし、これがどんな時も絶対にやるべきプレーだったかどうかは断定できません。なぜなら実際の試合では、ドリブルで相手を突破するプレーを選んで成功し、追加点を奪うことができる場合もあるからです。

また、この試合がリーグ戦の中の一試合で、得失点差を縮めるためにさらにゴールが必要、といった状況だと、パスではなくドリブル突破が必要です。

このように、**ひとつのシーンを取り上げるだけでも、〝やるべきプレー〟の断定はできず、解釈は無限にあるといっても過言ではありません。**

シーンではなく「ストーリー」で〝やるべきプレー〟を考える

　ではこのシーンではどうでしょうか？　**年間を通したリーグ戦の終盤**、ここで勝てれば対戦相手との順位が入れ替わるという試合です。序盤に主導権を握っていますが、なかなかシュートまで持ち込むことができません。そんな中で前線へのスルーパスが通り、最初の決定機を迎えました。

　ボールを受けた選手は、直接シュートも打てますが、角度を考えると確実に決められるとは言えません。一方、走り込んできている味方選手は、中で確実に決められる位置にいますが、パスを出したとしたらボールが転がっている間に相手のマークが戻ってしまうかもしれません。この場合、どのようなプレーがよりいいでしょうか？

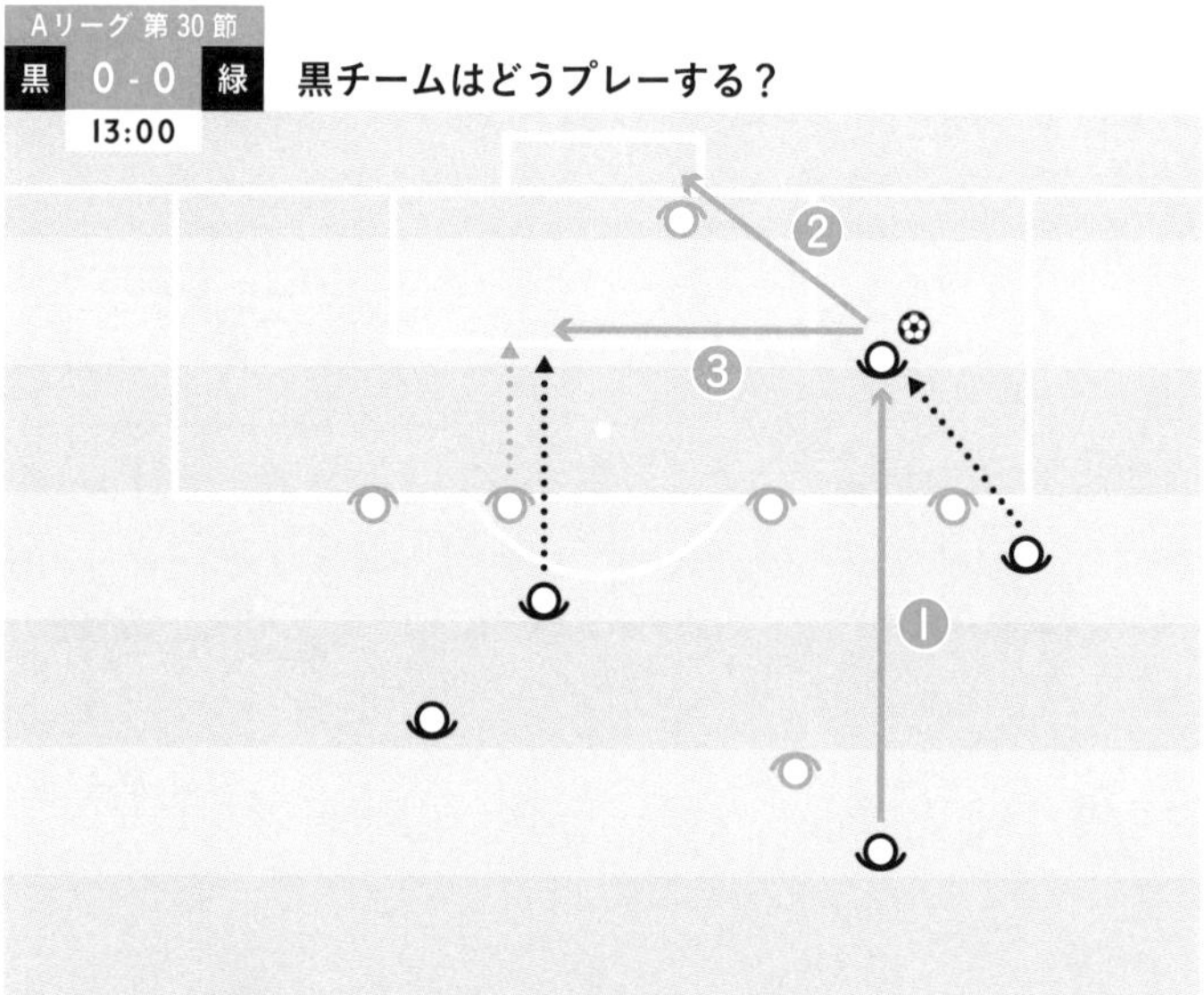
Aリーグ 第30節
黒
0 - 0
緑
13:00
黒チームはどうプレーする？
❶
❷
❸

スルーパスが通り❶、この試合最初の決定機。シュートを打つべきでしょうか（❷）、それともパスを出すべきでしょうか？（❸）

もうひとつ見てみましょう。**今度はトーナメント戦の初戦という想定です。**お互いに硬さが見える試合で、両チームともなかなかチャンスに恵まれません。そんな中、相手がDFラインの裏へ大きくボールを蹴り出してきました。相手FWには届きそうもありませんが、ゴールラインやタッチラインを割りそうもないので、DFの処理が必要です。相手FWも諦めずに追いかけてきます。

この場面で、プレッシャーを受けながらパスをつなぐか、GKにパスを出してクリアさせるか、どちらが〝やるべきプレー〟でしょうか？

ふたつのシーンに明確な正解はありません。ここで考えたいのは、同じシーンでも、大会の状況や、所属チームのスタイル、選手の得手不得手など、さまざまな背景（ストーリー）によって選択が変わるということです。

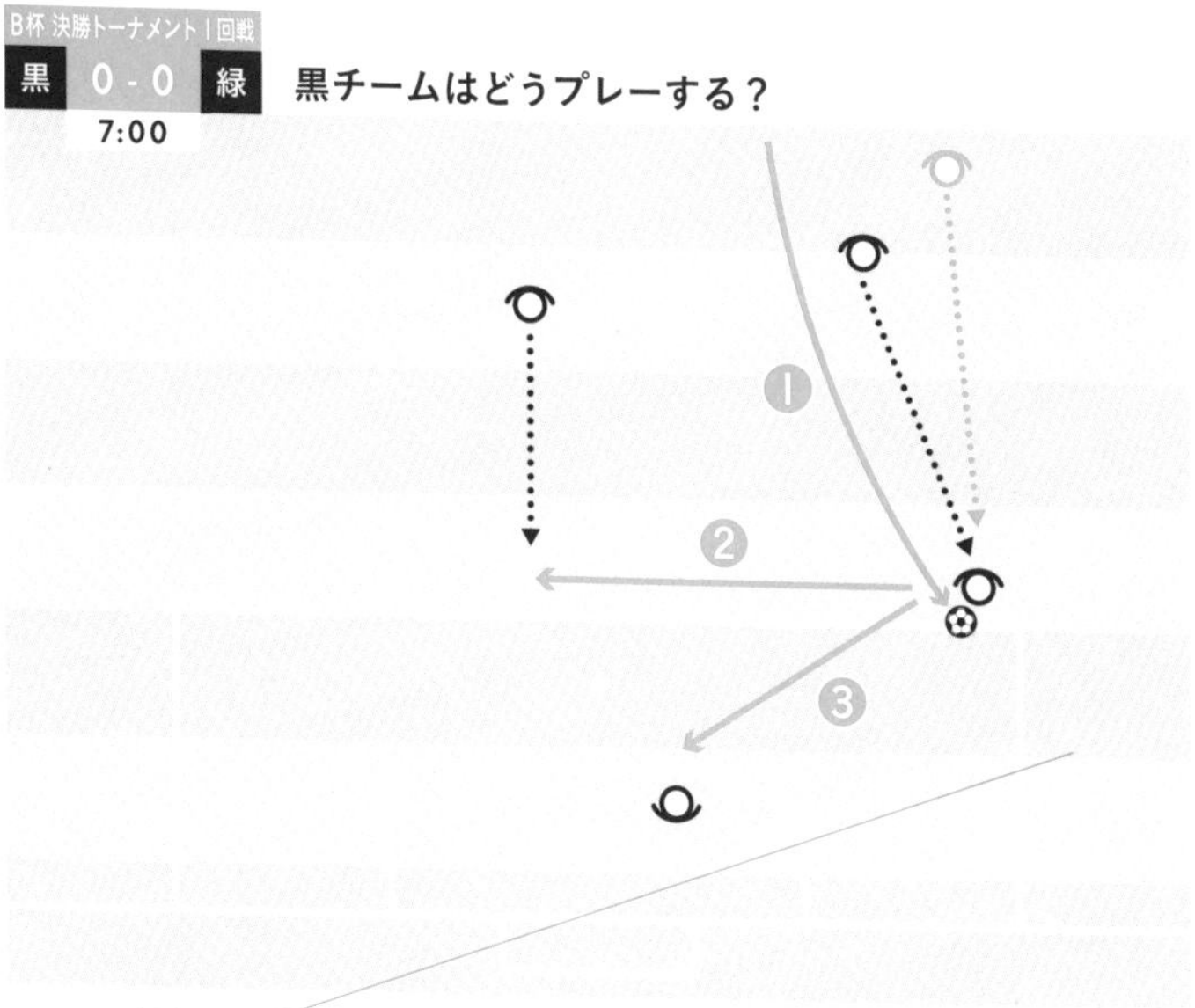
B杯 決勝トーナメント1回戦
黒 0-0 緑
7:00
黒チームはどうプレーする？
❶
❷
❸

自陣の裏へのボールに対して❶、ショートパスでつなぐべきでしょうか（❷）、GKにバックパスをして（❸）大きく蹴り出すべきでしょうか？

Section 03

ピッチの「外から見た景色」と「中で見る景色」を一致させる

ピッチの外からサッカーの試合を見た時には、“やるべきプレー”を適切に選択できる場合が多いです。したがって、“やるべきプレー”をピッチの中で実践するには、ピッチの外の景色と中の景色を一致させることが必要です。

〝やるべきプレー〟をピッチで実践する

セクション02の問いかけは、図解とシチュエーションをセットにして提示していたので、答えやすい方が多かったのではないでしょうか。次に大事なことは、**それらの〝やるべきプレー〟を、実際の試合で実践できるかどうか**です。

テレビでサッカーの試合を見ていると、ボール以外の要素を見ることで、どの選手がどういう配置になっており、どういうプレーをすれば効果的か、だいたい想像できると思います。それが〝やるべきプレー〟といってもいいでしょう。

ところが実際の試合になると、視野が狭くなり思ったようなプレーができない、という人は多いと思います。これが、ピッチの外から見る景色と中で見る景色が一致していない状態です。

ここでパス
そこはシュートだろ!!
オイオイ

パ、パス!!
え、お前が打てよ!!

テレビでサッカーを見ると〝やるべきプレー〟がわかりやすい

ピッチの外から試合を見る、特に映像を見る時は、サッカーの試合を自分以外の視座から見ている状況です。そこでは、ボールホルダー、他の選手の位置取り、空いているスペースなど、さまざまな景色を同時に見ることができます。**それらの要素がどういう過程を経てその状況に至っているかがわかり、次の展開もわかるので、今〝やるべきプレー〟を見極めることができます。**

特に大きい効果は、自分の試合を見た時に自分の立ちどころが見えることです。どんな要素を考慮してそのポジションを取ったのか、その後のプレーはどんな情報に基づいて判断したのか、改めて考えながら見てみると、より効果的になります。

前はふさがってたけど後ろにパスして逆サイドに展開できたな・・・
次はそうしよう

主観では〝やるべきプレー〟がわかりにくい

ピッチの中に入ると、当然テレビ映像とは違った景色になります。ボールを中心にピッチを見てしまいがちなので、どういう過程を経てその状況になったのかを把握しづらくなります。ビデオ確認がボードゲームのコマを操作する人の景色なら、ピッチ上はゲームのコマそのものの景色です。**〝いい選手〟に必要なのは、テレビで見るような「ピッチの外からの景色」と、実際に立つ「ピッチの中の景色」を一致させることです。**ピッチの中で完全に客観的な視座を持つことは難しいですが、どの角度から覗くかを考えることで、客観に近い視座を持てるようになります。

Section 04

「覗く」ことで“やるべきプレー”を見極める

ピッチ内外の景色を一致させることが必要でも、実際にピッチに立った時にテレビ映像のように試合を見ることはできません。この問題を解決するのが、「立ちどころ」と「視座」、そして「覗く」ことです。コップの例を用いて見てみましょう。

立ちどころと認識でプレーを変える

〝いい選手〟は、ピッチの外から見た景色と、ピッチの中で見る景色を一致させることができます。これができると、テレビで試合を見ている時のように、ピッチの中で〝やるべきプレー〟を見極めることができます。とはいえ、ピッチの中にいる時にテレビ映像と同じ景色を見ることはできません。そんな中でも〝やるべきプレー〟を選択する必要があります。

そこで重要なのが、「立ちどころ」と「視座」です。ピッチ上の景色を覗き、覗いた景色の中から適切なものを認識し、それによって自分の立ちどころを変えることで、プレーを変えていくのです。

一度サッカーから離れて、コップを使った例を見てみましょう。

左サイドの味方にマークがついていますが、右サイドの味方はフリーです。そのため、ボールの左側に立つことでフリーの選手へのパスコースを認識することができます。

コップをさまざまな角度から見る

コップをひとつ用意してください。取っ手がついており、ロゴが刻印されているようなものだと理想です。

このコップのロゴを真正面から見ると、反対側にある取っ手が見えません。コップは動かさないまま、自分がコップの右側に回ってみると、真後ろにあった取っ手が見えるようになり、逆にロゴは途切れて見えます。上から見れば、コップの中の色や、コップの中に飲み物が入っているかどうかがわかります。

つまり、**同じ「コップ」を見ていても、自分の立ちどころを変えて見る角度を変えれば、見えるものが変わるということです。**

コップのロゴが全部見える角度❶、ロゴも取っ手も見える角度❷、コップの中身が見える角度❸など、コップをどこから見るかによって見え方がまったく変わります。

コップ越しに覗いた景色によって自分の行動が変わる

ここで大事なことは、コップを動かすのではなく、自分が動いてコップを見る角度を変えることです。最初に取っ手側からコップを見ていた時は、コップの向こう側にキッチンが見えていたかもしれませんが、ロゴを見るために横に回ると、窓とその外の様子が見えるかもしれません。外の様子が見えると、天気が晴れなのか雨なのか、時間帯は朝なのか夜なのかがわかります。

そうして見えた景色によって、例えば雨が降っているなら出かける時に雨具が必要ですし、水道から水が漏れているなら蛇口を閉める必要があります。つまり、コップの向こう側の景色によって、自分の行動も変わるのです。

例えばコップの向こう側に窓があり、よく晴れた青空が見えたら、遊びに出かけたり洗濯物を干したりするかもしれません。

自分の立ちどころが変わると ボールの向こう側の景色が変わる

　コップを見る角度によって、コップの見える部分と背景の見え方が変わります。これをサッカーに当てはめてみましょう。コップはサッカーでいうとボールです。ボールをどの角度から見るかによって、メーカーのロゴが見えるのか六角形の面が見えるのかが変わります。

　では、実際の試合ではどうなるでしょうか？ボールの真後ろに立っている時はⒷ、前方を相手選手に塞がれていて何もプレーできないように見えます。しかし立ちどころを変えてボールの左側に回ってみるとⒶ、フリーの選手が見えてパスを出すことができます。反対に、右側に立てばさらに多くの相手DFがいるのでⒸ、そちらに向かってプレーするのは避けた方がいいとわかります。

ボールの向こう側の景色によって 自分の立ちどころが決まる

　立ちどころによって、ボールの向こう側に見える景色が変わることはわかりました。しかしここで言いたいのは、「立ちどころを変えて見える景色を変える」ことではありません。**「フリーの味方がいることを認識して、その味方を覗ける位置に立つ」**ということです。自分の立ちどころは自分で決めるのではなく、ボールの向こう側の景色によって強制的に決まる、というくらいの意識が望ましいのです。これが「やりたいプレーよりやるべきプレー」という意味です。

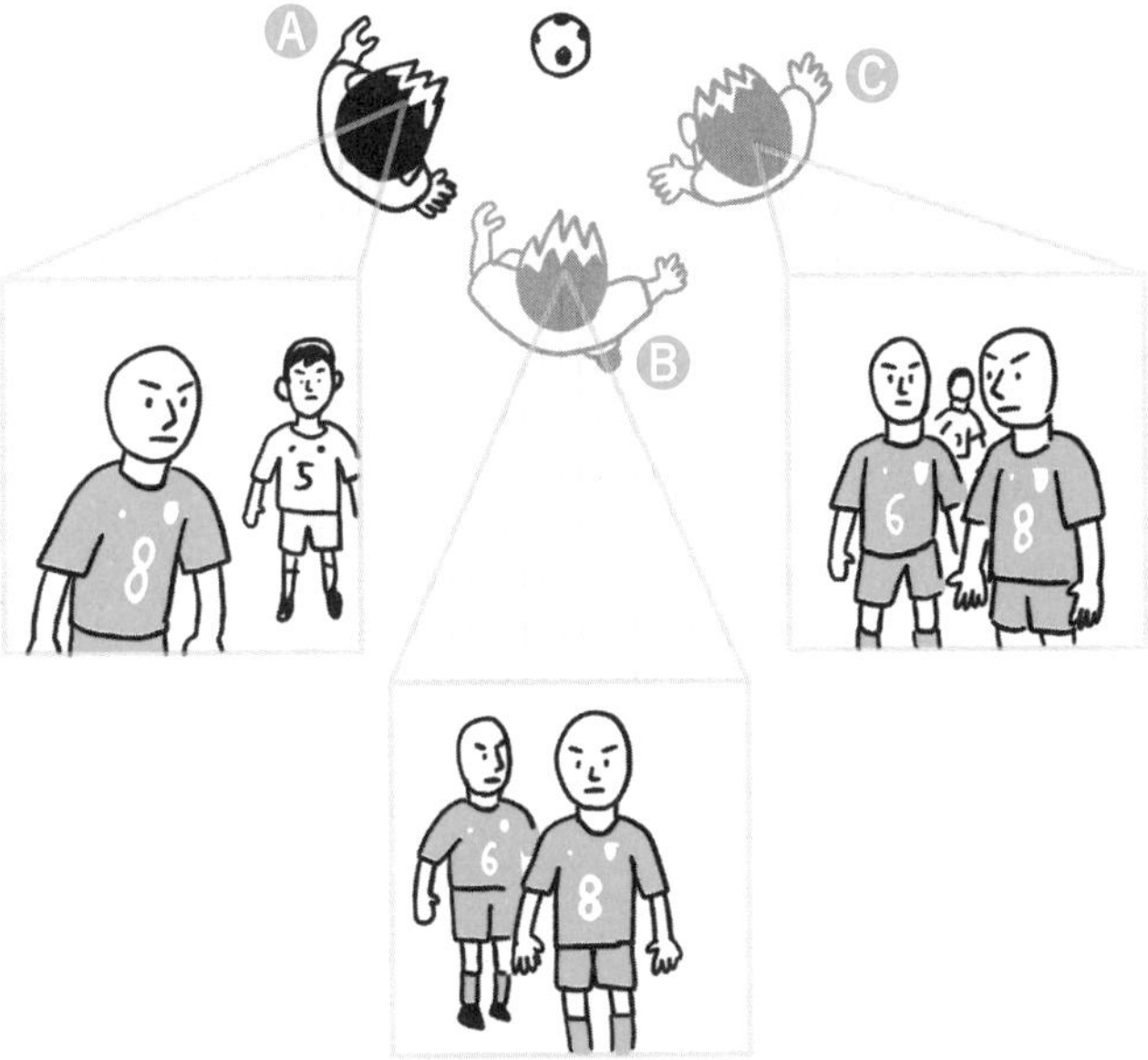

上記のイラストで、フリーの５番の選手をボール越しに覗けるのはＡの立ちどころです。あらかじめ５の選手がフリーになっていることを認識し、５にパスを出すためにＡに立つ、という順番で考えることが大事です。

見ているることと認識していることは違う

もうひとつ注意したいのは、ただ見ているかどうかではなく、認識しているかどうかです。なぜなら、**視野には入っているが認識していない状態があり得るからです。**

例えば守備の時。マークとボールを同一視野に入れられるポジションと体の向きを作り、視野の確保をしたとしても、認識の中心がボールになり、マークを見失ってしまう、という場面はよく見かけます。結果的にマークが外れてしまうなら意味がありません。この場合、視野の確保よりも、クロスが入ってくる軌道や相手が飛び込みたいスペースを認識してポジションを取ることが必要になります。反対に、見えていなくとも認識できている状態もあります。

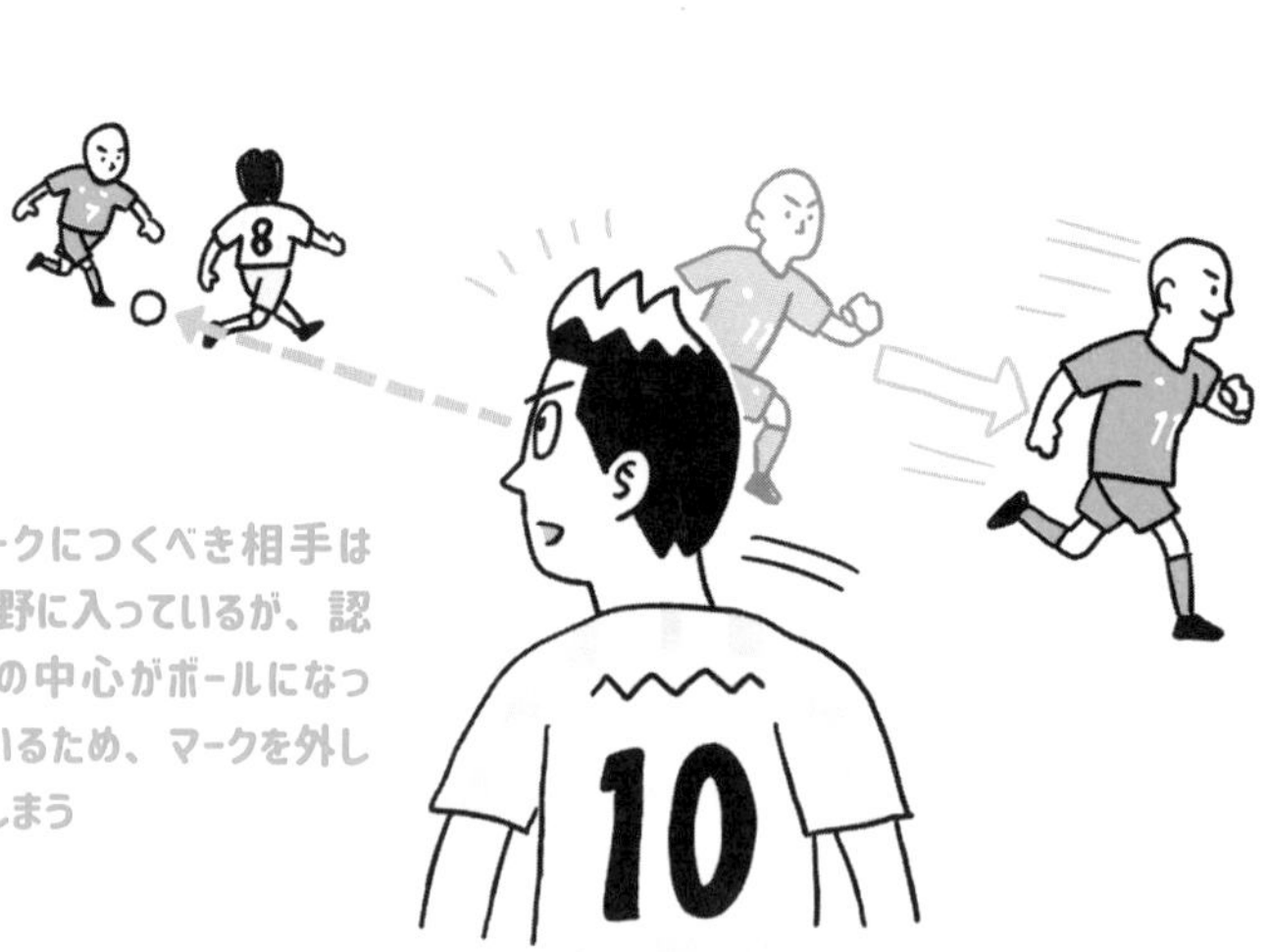

マークにつくべき相手は視野に入っているが、認識の中心がボールになっているため、マークを外してしまう

正しい認識が ピッチの中と外の景色を一致させる

認識は、本書でも頻繁に出てくる重要なキーワードです。**サッカーにおいては、どんな景色を覗き、何を認識するかによって、プレーが変わります。**パッと顔を上げた時に、ボールを認識するのか、目の前の相手を認識するのか、スペースなのか、味方選手を認識するのか、味方選手が認識しているものを認識するのか……それらは状況によって変わります。認識の中心がボールになっていることを「まわりが見えていない」と表現することもあるでしょう。そして、適切なタイミングで適切なものを認識できた時に、ピッチの外の景色と中の景色が一致して、〝やるべきプレー〟を選択できるようになります。

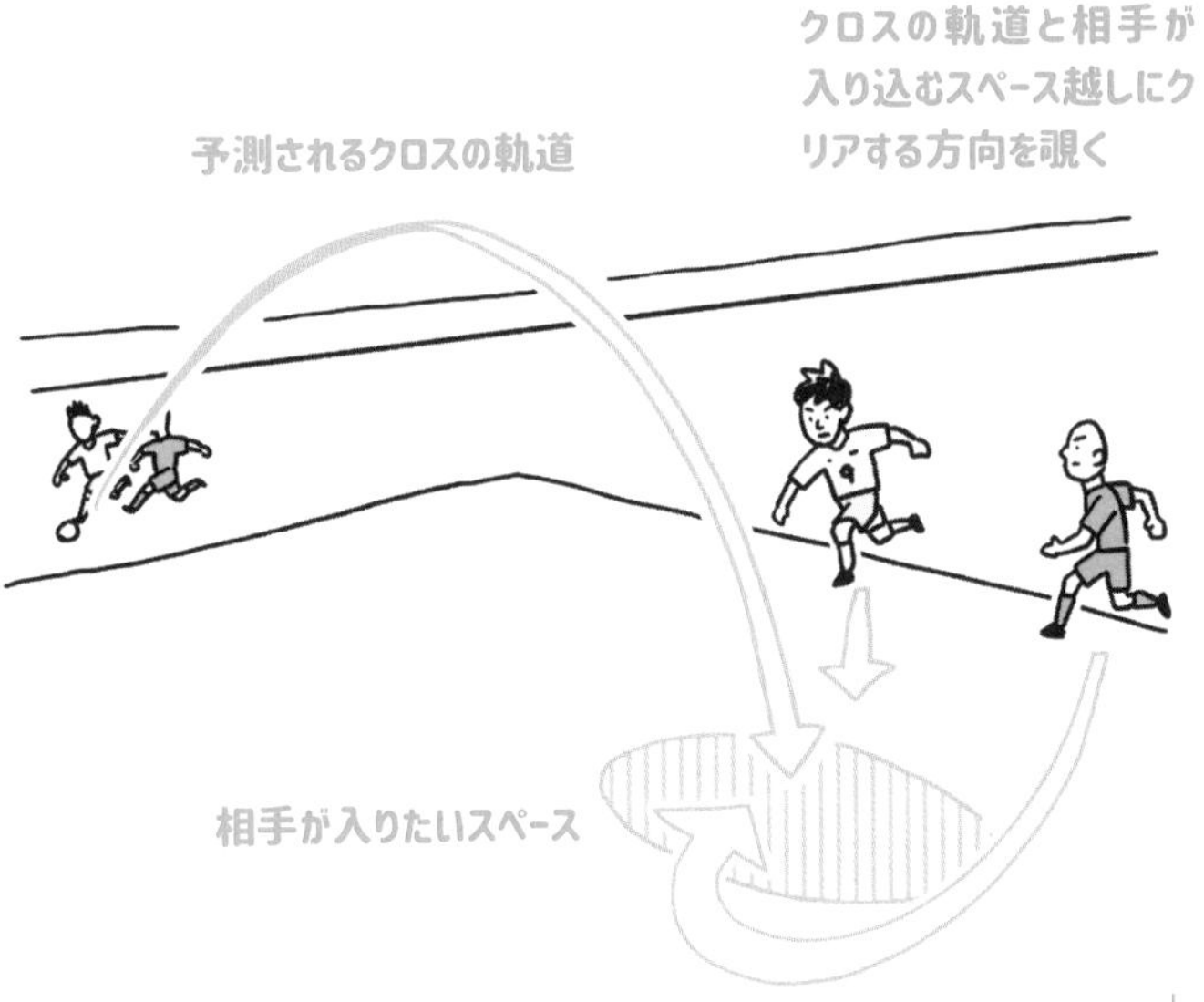

例えばクロスの守備の場面なら、クロスの軌道と、相手が入りたいスペースを認識し、そのスペース越しにクリアする方向を覗くことで、力強いクリアができます。

Section 05

自分や他の選手の認識のクセを知る

目で見えているものと、実際に頭で認識していることは別物です。自分がプレーしている時に、何を認識しやすいのか、自分以外の選手は何を認識する傾向があるのか、というクセを考えてみましょう。

プレー映像で自分の認識のクセを知ろう

適切な認識をするために、まずは現在の自分が何を認識してプレーしているか、その認識にはどんなクセがあるのかを知ることが必要です。**自分のプレー映像を見て、何を見て、何を認識してそのプレーを選択したのか、思い返してみましょう。**

例えばスルーパスを出したシーンなら、受け手となる味方選手、味方選手が走り込むスペース、相手DFの配置などがあります。シュートの時なら、シュートコース、相手GKの立ち位置。守備の時なら、相手のドリブルのコース、フリーになっている選手、自分がマークすべき選手、相手に入られてはいけないスペースなどがあります。できるだけ多くの認識を洗い出してみましょう。

自分以外の選手が認識しているものを知り、それに合わせたプレーをする

次に、試合を通して自分以外の選手が認識しているものを見てみましょう。自分がスルーパスを出した場面なら、受け手となる選手がボールを認識しているのか、スペースを認識しているのか、相手選手を認識しているのか、次の味方選手なのか、ゴールなのか。それらの認識を持ったのはどのタイミングなのか、それは遅いのか適切なのか、といったことです。あるいは相手選手なら、前述のことに加えて、自分や味方選手に認識が集中したのはいつなのか、といったこともあります。

自分以外の選手がどんな認識を持っているかを知ることで、その認識に合わせたプレーをすることができます。

あいつはあのスペースとシュートコースを認識してるな。あそこにパスを出そう

自分以外の選手の認識を利用する

サッカーは自分以外の選手がボールを持っている時間がほとんどです。だからこそ、自分以外の選手が何を認識しているかを知る必要があります。

例えば、**味方がシュートコースを認識していることがわかれば、そのシュートが打てるようなパスを出すことができます。**あるいは相手選手の認識が自分に集中しているなら、パスを出してフリーにさせることができます。自分への認識が散漫ならマークを外すこともできるでしょう。

自分以外の選手の認識が見えるようになれば、その認識を意図的に変えることもできます。あえて自分が長い時間ボールを保持することで、相手の認識を自分に集中させ、味方のマークが外れた瞬間にスルーパスを狙う、などです。

指導者は選手の認識の方向性を作る

映像を見たり実際にプレーしたりすることで、選手は自分や他の選手がどんな認識を持ちやすいかという傾向を知るといいでしょう。一方、例えばボールに認識が集中しやすい選手に他の選手が合わせてしまい、結果的にチームの攻守が噛み合わない、となってしまっては意味がありません。

そこで指導者の出番です。私は、**指導者の役割のひとつは、試合中に選手が何を認識すべきか、という方向性を作ることだと思います**。例えば「相手の弱点は左サイドだから常に左サイドを意識して、ボールを奪ったらすぐに攻撃できる準備をする」などでもいいでしょう。こういった方向性を定めることで、初めて選手個々の能力を生かすことができます。

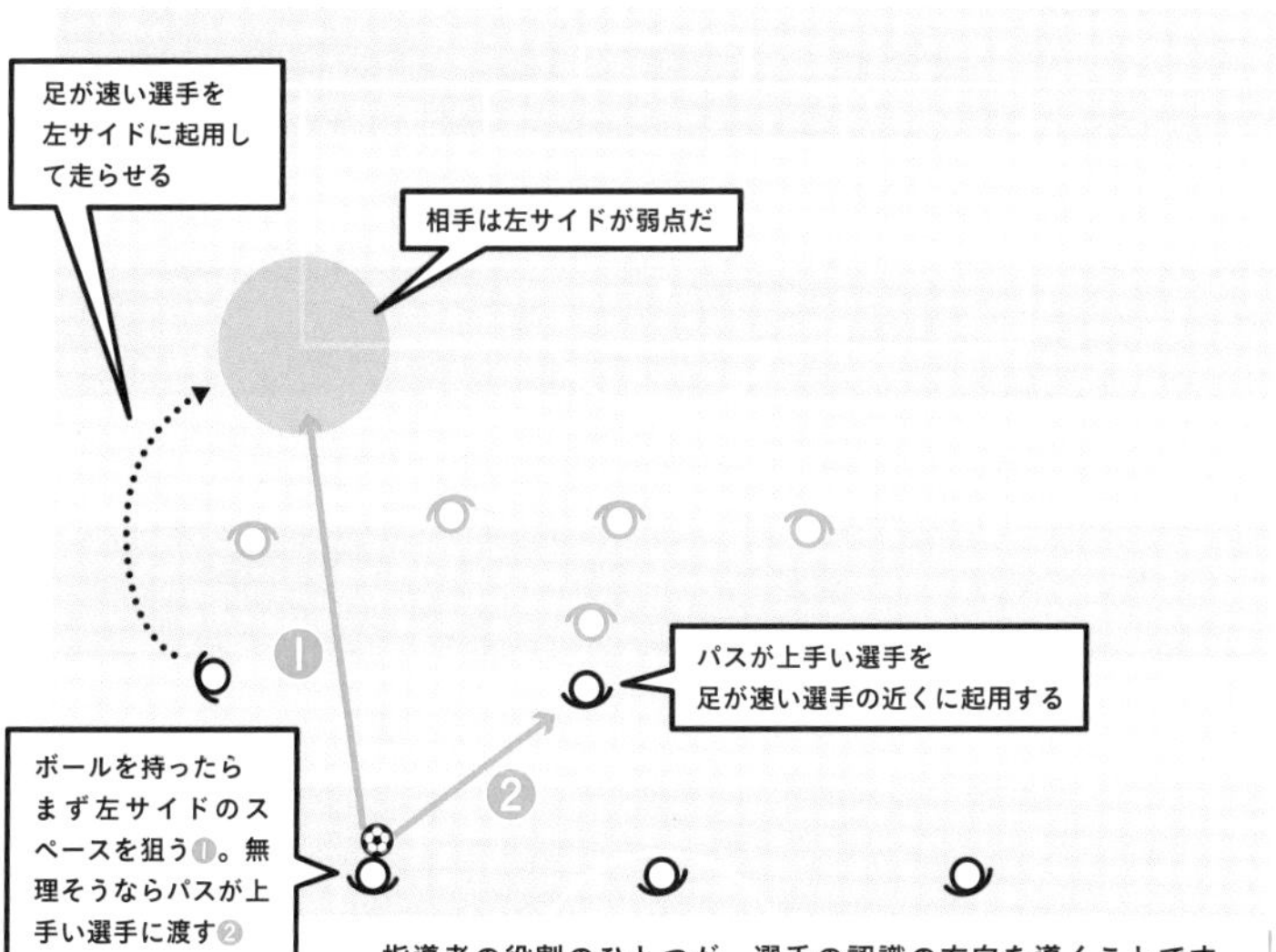
足が速い選手を左サイドに起用して走らせる
相手は左サイドが弱点だ
パスが上手い選手を足が速い選手の近くに起用する
ボールを持ったらまず左サイドのスペースを狙う❶。無理そうならパスが上手い選手に渡す❷
❶
❷

指導者の役割のひとつが、選手の認識の方向を導くことです。こうした方向性が示されることで、ロングキックやスペースをつく走り込みなどの技術を生かすことができます。

Column

サッカーと言語

01

認識と行動は前提が決める

1～5章のコラムでは、言語の違いがどのようにサッカーに関わるのかを話していきます。私が伝えたいのは、「認識」と「行動」は、「前提」が決めるということ。そして、「前提」のとらえかたが言語によって異なることです。

まず、下の写真を見てください。これはイギリスのロンドンで撮影したもので、歩行者用信号がある道路に「LOOK RIGHT」と書いてあります。なぜ「右を見て」と書いてあるか？　これには大きく3つの理由があります。まずひとつは、ロンドンの道路は一方通行が多いので、どちらから車が来るかを教えるため。もうひとつは、欧州では信号が赤でも車が来なければ道路を渡る歩行者が多いので、どの位置でどちらから車が来るかを教えるためです。

そして最後の理由が、「前提」によって「認識」「行動」が決まった例です。イギリスの車線は左側通行ですが、欧州の他の多くの国は右側通行で、歩行者から見た時に車が走ってくる方向も反対です。ロンドンは他国から多くの観光客が訪れる地域で、観光客が「車は左から来る」と認識したまま、左から車が来ていないことを確認して道路を渡り、右から来た車により事故にあう……という可能性をなくすために、「LOOK RIGHT」と書かれている、というわけです。

日本の車も左側通行で、そもそも車が来なくても信号が青に変わるまで待っている人が多いです。それらの「前提」があれば、「LOOK RIGHT」はいらないですよね。ところがロンドンでは、信号が赤でも車が来なければ真ん中まで渡る、観光客の多くは母国の車が右側通行である、という「前提」の違いがあるため、「LOOK RIGHT」が必要なのです。2章のコラム(P80)に続きます。

2

“いい選手”の視座と動き

2章では、“いい選手”が覗いている視座や、
実際にどのような動きをしているのかを、写真を用いて解説していきます。
1章で紹介した「覗く」ことでどのようなプレーが生まれるのか、
実際のプレーを見て、イメージを掴みましょう。
一部、3章以降に登場する言葉も出てきます。
簡潔に解説していますが、参照ページや巻末の用語集も併せてご覧ください。

“やるべきプレー”ができている時の視座と景色

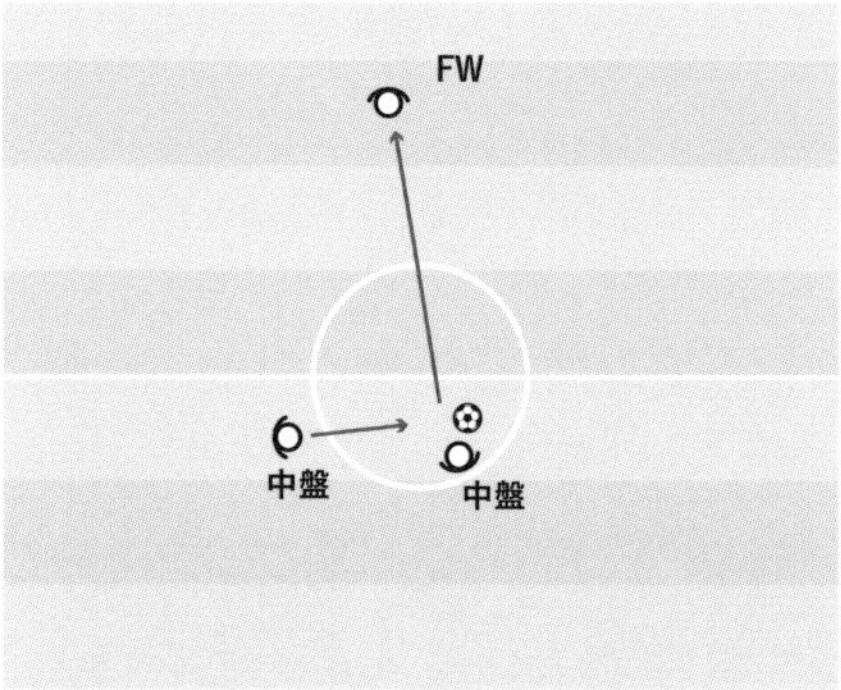

例えば左の図のように、中盤でパスをつないでからFWへ縦パスを入れる時、中盤の視座はどのようになっているでしょうか？ 適切に覗けていると、視座は自分の背後からFWを覗くような感覚になります。

“やるべきプレー”ができている時の視座

手前が中盤の選手で、奥がパスを出す先のFWの選手です。この写真は、縦パスを出した時に中盤の選手が覗いている視座のイメージです。自分の背後に視座が置かれ、自分ごとFWの選手を覗いているような感覚を持っています。

“やるべきプレー”ができている時の景色

パスが出された時に実際に見ている景色は、この写真のようになります。目的地の認識（次のパスの相手、P156）があり❶、ボールの軌道も認識しているので❷、ボールの軌道と目的地へのラインが交差するポイント❸でボールを蹴ることになります。

認識の中心がボールにある時の視座と景色

認識の中心がボールになると、目的地やまわりの景色は何も覗けず、ボールだけを見ている状態になります。目的地の認識がないと、どこに向かってプレーすべきかという方向性がないので、まずトラップで止めることが必要になり、それからまわりを見て方向を決めることになります。しかし実際の試合では相手からのプレッシャーがあるため、突然目の前に相手が現れたように感じ、対応しきれないのです。

01 ボールにとらわれないキックが大事

向かってくるボールをダイレクトで蹴る場面です。ボールにとらわれないキックができると、体の形はこの写真のようになります。まず体が斜めに倒れてスキマ（P196）ができます❶。軸足を着く瞬間には頭からカカトまでが一直線になり❷、ボールが自分の元に来るまで待つことができます。

ボールを蹴る場所は自分の歩幅の中でもっとも自然に足が出る範囲❸。蹴った後は、そのまま歩き出せるようなシルエットになります❹。

02 目的地を認識しよう

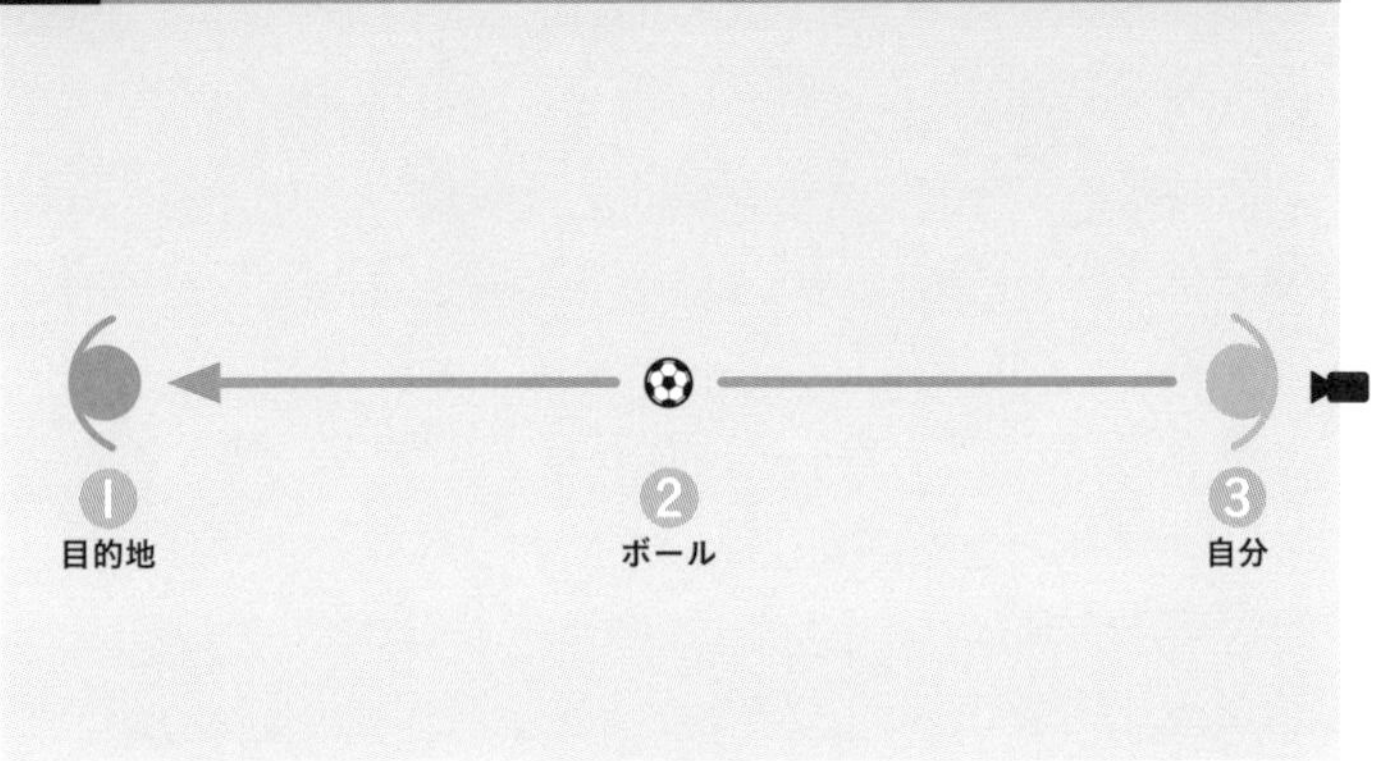

「ボールにとらわれない」とは、反対に言えば「ボール越しにボールの向こう側の景色が覗けている状態」です。この場合、パスを蹴る相手が目的地（P156）になります。ボールにとらわれず、視座を自分の背後に設定し、目的地を認識しながら蹴るキックは、目的地①ーボール②ー自分③の位置関係が直線になっています。

この時に覗いている景色が、この写真のように、自分の背後から目的地を覗いているようなイメージ、ということです。

認識の中心がボールになっているキック

では、認識の中心がボールになっていると、体はどうなるでしょうか？　最初の姿勢はあまり変わらないように見えますが❶、軸足を着いた時に体の節々が曲がり、ボールに吸い込まれるように蹴りにいきます❷。キックの瞬間は膝から下の力で強引に蹴るような形になり❸、蹴った後もお尻が落ちて歩き出せるような形ではありません❹。

次に自分の横にボールが逸れた時のキックです。最初の姿勢はあまり変わりませんが❶、蹴る時に軸足や膝が曲がっています❷。ボールを蹴る時は、今立っているその場から足を出して、膝から下の力で巻き込むようなキックになります❸。

ボールにとらわれると一直線にならない

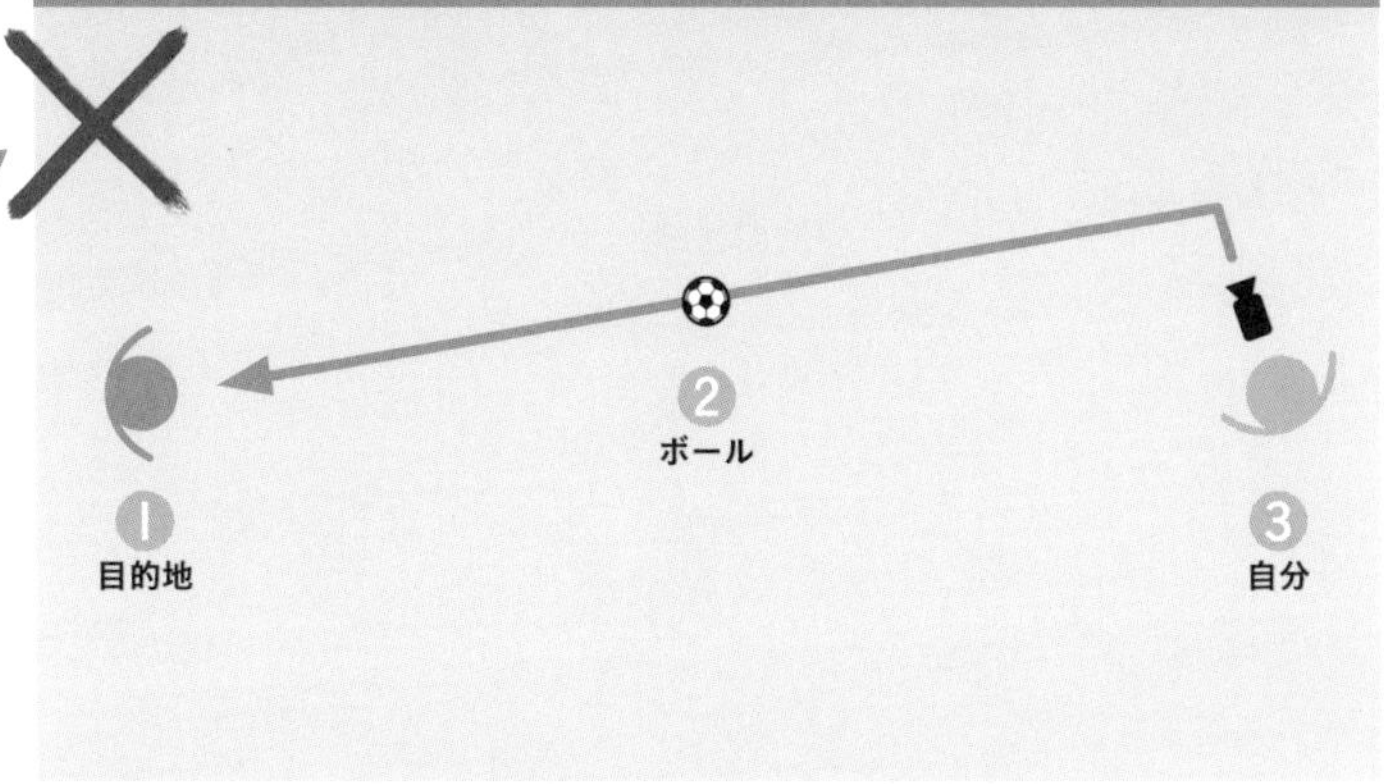

「ボールにとらわれている」状態では、そのボールを処理する意識が強くなり、目的地に対してどのようなアクションをするか、という意識が希薄になります。そのため、例えば自分の横に逸れたボールに対しては、体は動かさず足を伸ばして膝下の力だけで巻き込むようなキックになり、次のアクションにつなげることができないのです。目的地❶ーボール❷ー自分❸の関係も一直線にはなりません。

この時に見ている景色が、この写真のようなイメージです。今自分が見ている視座で何とかしようとするため、今立っている場所で足を使ってボールを処理するプレーになってしまうのです。

03 "覗く"と実際はこんな動きになる

"覗く"プレーができていると、実際の動きがどうなるか見てみましょう。この場面では、すでにボールを持っているところから始まります。まず、目的地が❶に認識されています。それに対し、常に目的地ーボールー自分という位置関係になれるように移動します❷。

例えばここから前方へパスを出すとします。この時に大切なのは、ボールの軌道を認識し❷、その軌道越しに目的地を覗くことです❸。ボールの軌道上であれば、実際にボールを蹴るポイントはどこでもかまいません。

目的地を設定し、ボールの軌道④越しに目的地を覗くと、自分の走る軌道⑤がボールの軌道とは違うコースになります。ボールの軌道に対して、少し膨らんだ動きになっていることがわかります。そして最終的に、ボールと出会う場所でパスを出します。

04 “覗く”と実際はこんな動きになる（後ろから）

覗きながらパスを出すプレーを後ろから見た写真です。パスを出す相手が目的地となっています。ボールの軌道を認識し❶、ボールの軌道越しに目的地を覗いています❷。覗いたポイントでボールを蹴るために走る軌道が膨らみ❸、胸合わせ（P182）をしながらボールを蹴ることができました❹。

注目したいのは3枚目の写真のステップです。ボールの軌道越しに目的地を覗ける場所に立つ必要があるため、自分のステップに対してボールが後から追いついてくるようなイメージになります。

覗けていないと走る軌道は ボールと同じになる

ボール越しの景色を覗けていない場合、自分がボールの後から同じ軌道を走ることになります。視座は自分に固定され、ボールと前方の景色を別々に見ているような状態です。そうすると、最後にパスやシュートをする際に、ボールの軌道に対して無理やり腰をひねるようなキックになり、スピードや正確性を欠いてしまうことが多くなります。

05 覗いている時の視座

この時覗いている景色は、上の写真のようになります。ボールの軌道があり❶、その軌道越しにゴールを覗いています❷。

設定した視座までボールが転がってきた時に、パスやシュートを打つことができます。この写真のように、ゴール、ボール、さらに自分も含まれている絵を、頭の中でイメージできるかどうかが重要です。

相手がいるとうまく覗けない

相手からプレッシャーを受けた時は、認識の中心がボールや相手選手になってしまい、前方の目的地を意識するよりも、相手から逃げるためにボールを追いかける意識が強くなり、どんどん追い込まれていきます。

蹴る瞬間も、目的地と胸合わせができないため、体や足を無理やりひねるようなキックになりがちです。正確なキックにならないことが多く、受け手も構えにくいパスになります。

06 覗くといいシュートが打てる

次に、サイドからカットインしてシュート、というシーンを考えてみます。ここでも意識するのは、目的地と❶、ボールが転がる軌道❷、目的地をボールの軌道越しに覗ける視座❸です。

P57 と同様に、ボールの軌道に対して❹、走る軌道は回り込むようなコースになります❺。

07 ボールの動きが速い時も目的地を認識する

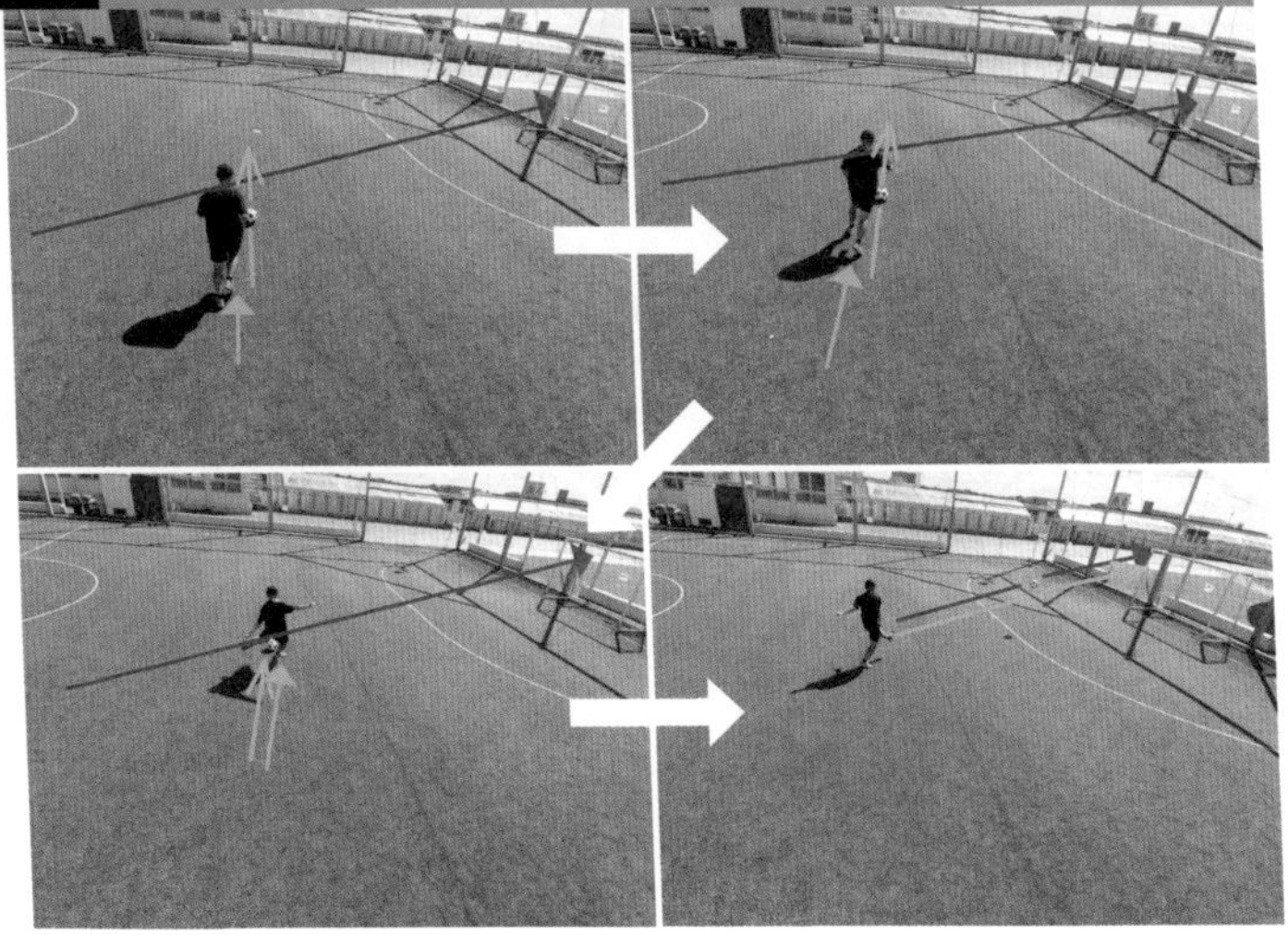

ボールが転がるスピードが速い時や、相手DFと競り合っている時など、ボールに対して速く走らなければいけない時はボールと同じ軌道を走ることになります。その場合も、ボールの軌道越しに目的地が設定されていれば問題ありません。

目的地の認識ができているかどうかを見る目安は、蹴り終わった後の体勢です。目的地の認識ができている場合、蹴り終わった際に目的地と胸合わせ（P182）ができています。

08 サイドでボールを受ける時も目的地を覗く❶

パスを受けトラップする際に、目的地の認識があるか、覗けているかどうかで、どのような違いがあるか見てみましょう。ここでは、左 CB から左 SB へパスが出た、という状況を仮定します。ここではフットサルコートを使用していますが、左サイドと仮定してご覧ください。

まず大前提として、左 SB の選手のポジションは、ボールありペアリング（ボールやボールホルダーとのつながり、P94）と❶、目的地とのボールなしペアリング（ボールやボールホルダー以外とのつながり、P94）❷の交点です❸。

CBからパスが出されました。SBにボールが渡る直前まで胸合わせをしているため、CBとSBは正対しています❹。ただし、認識の中心はボールではなく、次に向かう目的地に向いています❺。

09 サイドでボールを受ける時も目的地を覗く❷

P65の続きです。ボールが自分の足元に来た時には、目的地と胸合わせをしています❻。この時の意識はボールを扱うのではなく、「ボールとともに目的地に向かう」という意識です。

トラップした後にボールは動きますが❼、ボール越しに目的地を覗いていると❽、自分の立ちどころを変えて❾、目的地と胸合わせをすることができます。目的地—ボール—自分、という 3 点が直線になっています。

覗けていないとトラップが流れやすい

では覗けていない時のプレーはどうなるでしょうか？　まず、認識の中心がボールになっているので、トラップの瞬間もボールを処理しようとしてしまい、目的地や周囲の状況を認識できません。

目的地の認識がないと、トラップした後の立ちどころに影響します。この写真はトラップしたボールが左側に流れた場面で、目的地の認識がないとこういった状態になりやすくなります。この時、目的地からボールまでのラインと❶、自分からボールまでのラインが❷、一直線になりません。

この立ちどころだと、目的地は前方にあるがボールは横にあるという状態になり、目的地と目的地の認識が合わないので、体をひねるキックになる、相手からプレッシャーを受けやすい、などのデメリットがあります。

10 覗くことで相手のプレッシャーを和らげる

覗くことができると、相手に対してはどのような効果があるでしょうか？　この写真のシーンで見てみましょう。前方にパスを出す味方がいますが❶、相手選手もプレッシャーをかけてきています❷。

まずボールの軌道を認識し❸、軌道越しに目的地を覗きます❹。このポイントでボールを蹴るために、走る軌道はボールに対して回り込むようなコースになります❺。

目的地を認識できると、そこへボールを届けるために、顔を上げる場面が多くなります。そうなると、相手選手に「ボールを持っている選手は自分をかわす余裕がある」と感じさせ、プレッシャーがやや緩くなるのです。これも“覗く”効果のひとつです。

相手からのプレッシャーが和らげば、キックを蹴る時も余裕を持って目的地と胸合わせできます。

11 覗けていると相手に対応できる

自分の状態を見ずに相手がプレッシャーをかけてくるなら、キックフェイントでかわすなどの対応ができます。相手が見ている景色を覗けている（相手が何をイメージしているかわかること。P189）と、相手の動きに合わせてプレーを変えることができます。

覗けていないとプレッシャーが強くなる

目的地を覗けず、認識の中心がボールになっている場合、視線が下に落ちて相手も見えなくなります。そうなると、相手選手も「自分のことは見えていない」と考えるため、プレッシャーが強くなります。

12 覗きながら中央でボールを受ける

ここまではSBの解説をしてきましたが、ボールを受けることがより難しいのは、ピッチ中央です。あらゆる方向から相手のプレッシャーを受ける可能性があるため、ボールなしペアリングを作り、ボールを受ける前にプレーを決められるかどうかが、ピッチ中央ではより重要になります。

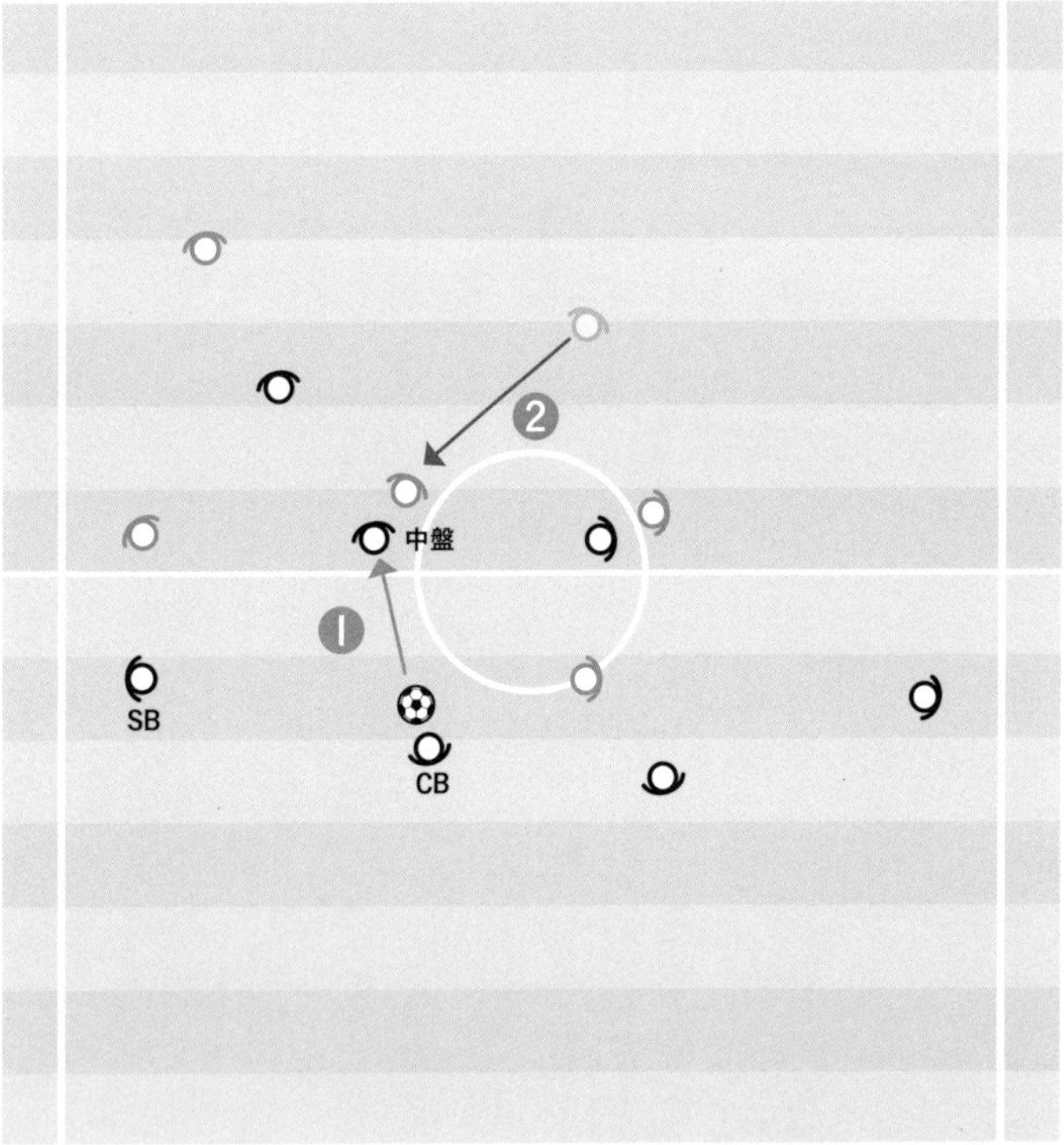

ひとつ図を見てみましょう。中盤の選手がボールを受ける時、背後から相手のプレッシャーが来ていることに気づかず、トラップしてしまって奪われる、というシーンです。中盤の選手がボールと自分の関係しか作れず❶、背後から来る相手に気づいた時には、すでに相手がタックルできるほどに接近しています❷。相手の存在を認識できていないため、実際のプレッシャーがそこまで速くなくても、プレッシャーを受けた当人はいきなり目の前に現れたような感覚になります。

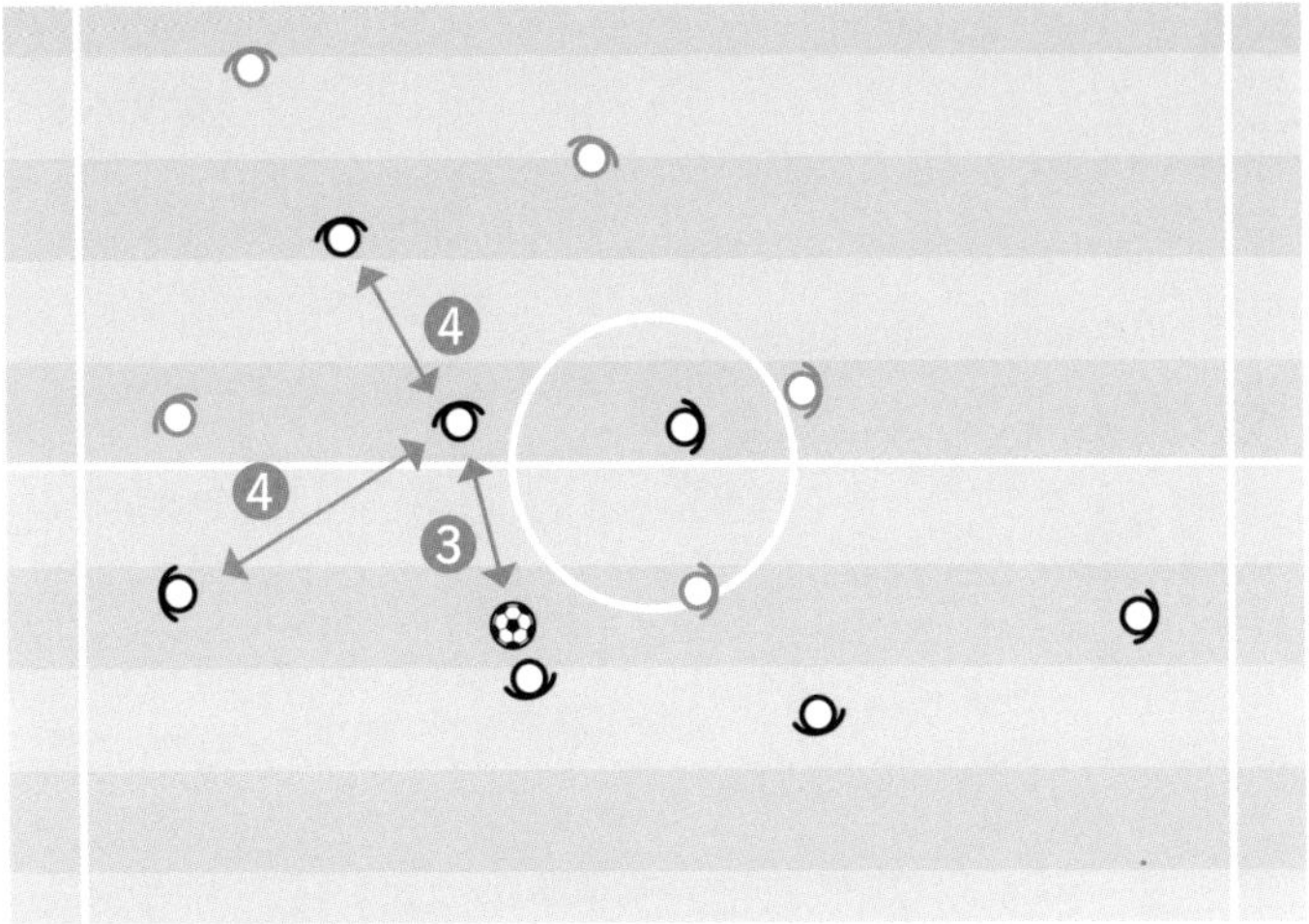

これを回避するのがボールなしペアリングです。自分とボールを結ぶラインと（ボールありペアリング）❸、ボールを受けてから向かうスペースや味方選手とのラインの（ボールなしペアリング）❹、両方を認識します。このふたつのラインが交わるポイントが、自分の立ちどころ（ポジショニング）になります。

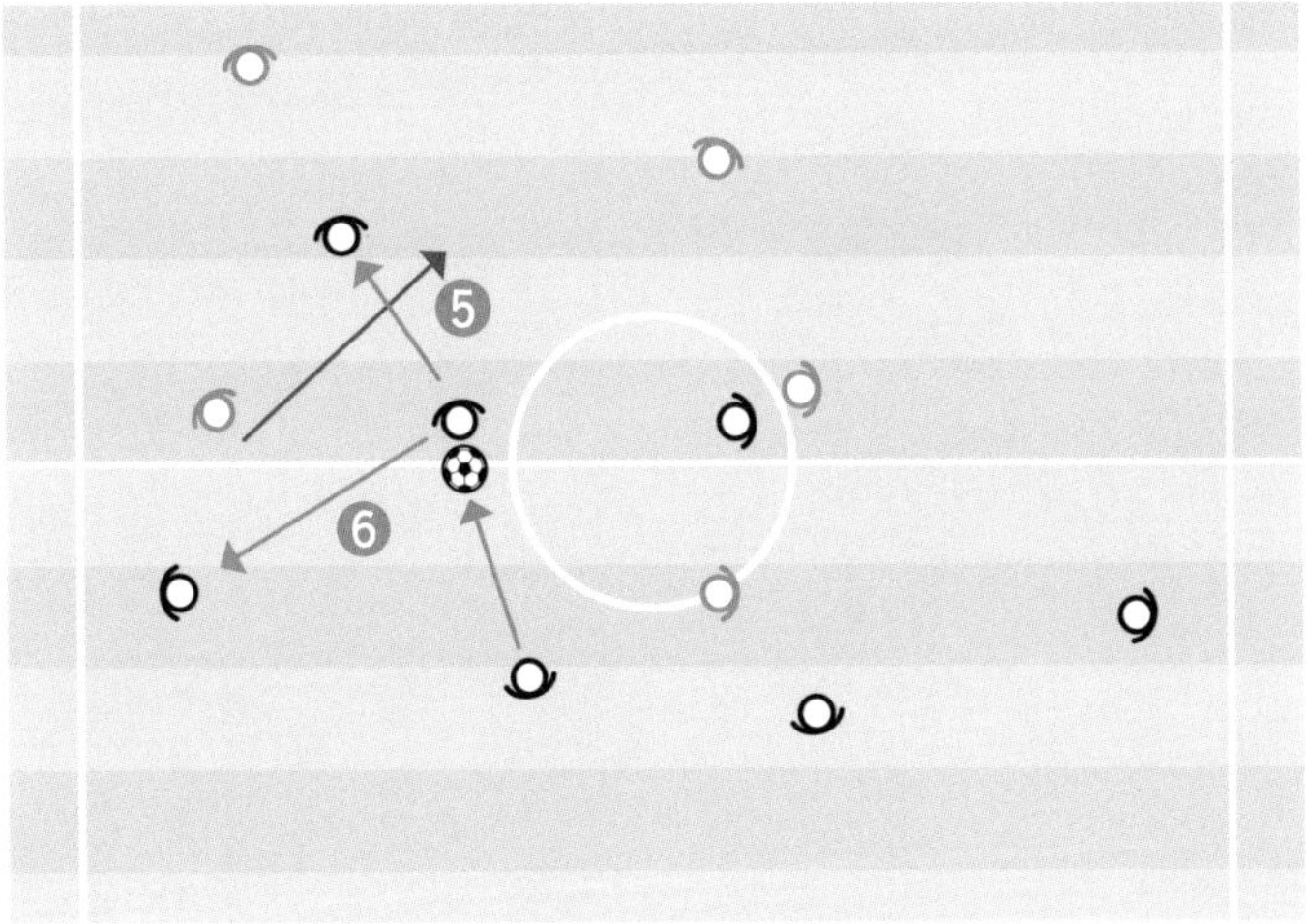

ボールなしペアリングができると、どこに向かうべきかという基準ができます。そのコースが空いていればそのままパスやドリブルで向かいます❺。相手が塞いでくるなら別のコースへ向かいます❻。

13 ボールの勢いを止めずに前を向く

P75 のように、ボールなしペアリングを伴った上でボールを受ける時の認識や動きを写真で見てみましょう。まず、ボールありペアリング（自分とボールホルダー）❶とボールなしペアリング（自分と目的地）❷の交点にポジションを取ります❸。ボールを受ける時は胸合わせをするので、体はボールホルダーと正対しています。

パスが出てきました。背後にスペースがあり、プレッシャーがないことを認識できているので、ボールの軌道上でバックステップを踏み下がりながらボールを受けます❹。

コントロールの際は、ボールをしっかり見ますが❺、認識はボールなしペアリング（目的地）の先に向いています❻。

縦パスの勢いを止めずに前を向くことができます。

14 ボールの軌道に乗って前を向く

ボールの軌道を認識しながら❶、その流れに乗るように前を向く方法❸もあります。目的地とのボールなしペアリング❷を認識し、そのラインに相手選手がいなければ、こういったコントロールも有効です。

ボールなしペアリングがない場合

ボールなしペアリングがない状態でボールを受けると、ボールを受けるまでは認識がボールに集中し❶、トラップしてボールの勢いを止め❷、そこから前を向いて状況を確認し❸、ドリブルないしはパス❹、という順番で考えることになります。そうすると自分の背後は認識できていないので、例えば❸の時に相手選手が突然目の前に現れたように感じ、ボールを奪われたりバックパスをするだけになってしまいます。

Column

サッカーと言語

02

サッカーにおける「前提」の違い

1章のコラム（P48）でイギリスの横断歩道の例から、前提の違いによって認識や行動が変わることを紹介しました。他者との前提の違いは、みなさんもサッカーで体験したことがあるのではないでしょうか。

例えば、進学でチームが変わる時は、新しいチームメイトに出会います。前のチームで「1対1の守備ではまず相手のスピードを落とすことから始めよう」と教えられた選手と、「どんなボールでも貪欲に奪いにいけ」と教えられた選手では、前提が違います。あるいは、丁寧にビルドアップするか、まずロングボールで相手を押し込むか、といった違いもあるかもしれません。教わったことがまったく違う選手同士が同じチームになり、お互いに戸惑ったり、時には言い合ったりすることもあると思います。

そういった話をする時に、どちらがどちらに合わせるべきか？　という二元論になってしまいがちなのも、もったいないことです。大事なことは、お互いに今までどんな教えの元でサッカーをプレーしてきたのか、その教えにはどんな理由があったのか、といった前提を考えることです。P48の信号の例のように、前提の違いによって人間の行動は変わるため、自分とは違う行動を取る人はどんな前提を持っているかを考えることが重要なのです。

また反対に、初めて会う選手でも前提が同じ場合もあります。相手ゴールを目指し、自陣ゴールを守ることは、サッカーをプレーしていれば誰もが持っている大前提です。

そうした前提の違いを理解し、チームメイトになった時にはすり合わせていくことが、サッカーでは必要なのではないでしょうか。

3

サッカーを“流れ”で捉える

サッカーでは、ピッチ上の状況は絶えず変化し続けています。
その変化に対応するためには、どこがプレーの出発点なのか？
どんな流れや順序でプレーを考えるのか？
というふうに、サッカーを“流れ”で捉えることがとても重要です。
3章ではサッカーを時系列で捉える考え方を解説します。

Section 01

サッカーを時系列で考える

サッカーでは、過去にどんな状況や現象があったかを踏まえ、今どんな状態にあり、次の未来にどんなことが起こるかを予想してプレーする必要があります。「過去」「今」「未来」を、時系列で考えることで、“やるべきプレー”に近づくことができます。

サッカーをプレーする時の自分の思考の順番は？

サッカーをプレーする時に、みなさんはどんなことを考えるでしょうか？　またそれらの考えは、どんな順番で頭に浮かぶでしょうか？

例えば、味方選手からパスをもらう時。ボールホルダーに対して、パスを受けるためにポジションを取る、という選手は多くいます。そのポジションが取れたら、次にまわりを見てパスコースやスペースを探し、パスやドリブルなどの選択肢を用意します。

そして自分にパスが出され、自分の元にボールが到達したら、その選択肢の中から次のプレーを決断する、という順番ではないでしょうか？

宿題を計画的に終わらせる人は期限から逆算する

もうひとつ、日常生活で考えてみましょう。例えば夏休みの宿題。計画的に終わらせていましたか？　それとも最終日に徹夜でやりましたか？

夏休みは期間が決まっています。限られた期間の中で計画を立てる場合は、最終日から逆算することが必要です。７月20日から８月30日までに宿題を終わらせるとすると、約40日の間に１日３Ｐずつ進めれば順調に終わる、といった逆算です。

計画を立てずに場当たり的にこなすと、宿題の全体量が把握できずになんとなくやる気が出ず、宿題は積み残し。最終日に徹夜で仕上げる、という経験をした人も少なくないと思います。

次のプレーへとつながれるポジションを逆算する

この「逆算」の考え方が、サッカーでも必要です。ボールをもらう前にポジションを取る時、ボールホルダーからパスを受けるためのポジションももちろん重要なのですが、それ以前に、**次にパスを出す相手や、ドリブルで侵入するスペース、シュートを打つゴールなど、次のプレーとつながれるポジションはどこかと逆算する必要があるのです。**

より具体的に見てみましょう。P85のイラストはビルドアップの場面です。味方がボールを持っている時に、中盤がボールを受けられる位置まで下がってサポートする場面①は多く見かけます。パスミスが起こる可能性も低く、問題があるようには見えません。しかしただ下がってくるだけでは、前線の選手とのつながりがなく、相手にとってもまったく怖くありません。

ここで本当に必要なのは、ボールホルダーに対するサポートよりも前に、次へのつながりを持てるポジション②を考えることです。これを「ボールなしペアリング」と呼んでいます（P94）。反対に、ボールホルダーとのつながりは「ボールありペアリング」です。

ボールなしペアリングで次の選手とつながった上で下がってくるのと、ただなんとなく下がってくるのでは、同じポジションを取ってもその後の自分のプレーやチームの攻撃の展開がまったく変わります。そしてペアリングをする際は、つながった先の展開③、さらにその次の展開④から逆算できるのが理想です。

あのスペースを使うには
こんな感じのルート
かなぁ

今見た景色と少し先の未来をセットで考える

P84のように、サッカーでは逆算の考え方が必要です。しかし一方で、逆算するために周囲を見て確認した状況は、自分がボールをもらった時には確実に変化しています。ボールが入れば相手はプレスをかけてきますし、相手DFの陣形も動くからです。そうして変化する状況を、逆算を始める段階で考えられるかどうかが重要です。

ボールを持てば相手がプレスをかけてくるので、もらう前にプレスを想定しておく。言われなくても当たり前のことですよね。しかし実は、ボールを持っておらずプレスがかからない「今」の状況と、ボールを持ってプレスがかかる「未来」の状況を、セットで考えられない人が多いのです。

さまざまな状況を考慮して少し先の未来を見る

例えば下のイラストのように、ボールをもらう前に状況を確認してからパスを出したのに、相手にカットされてしまう、という経験をした選手は多いと思います。これは、ボールをもらう前に確認した景色を頭の中で固定したままプレーしていることが原因のひとつです。ボールをもらってからパスを出すまでの間に状況が変わることをセットでイメージできず、流れを考えないままプレーしていると、こういったミスが起こります。

これに対処するためには、プレーの流れを捉え、**自分が立っている位置、味方や相手選手の立っている位置など、さまざまな要素を考慮して、少し先の未来まで想定する必要があります。**

あいつがフリーだ パスを出そう
あれ!? 急に現れた!?

ボールをもらう前に見た景色はボールをもらった時には変わっている

自分の立ちどころからボール越しの景色を覗いたとしても、その景色は0・5秒で変わるため、変化を踏まえて自分の立ちどころを決められているか、ということを考えます。

よく起こるミスは、ボールをもらう前に見た景色のイメージのままプレーしてしまい、実際にプレーする時にはまったく別の景色になっているため、〝やるべきプレー〟につながらない、というシーンです。より具体的に示すと、**ボールを受ける前に見た時にはパスコースが空いているように見えたが、ボールが自分の元に来た時には相手がそのコースに入ってしまっていた、**などです。左ページ上のイラストのようなイメージです。

「今」の形から「未来」を見る

必要なのは、自分の立ちどころからピッチ上の景色を覗いた時、少し先の未来の状況も合わせて覗くことです。イラストでイメージすると左ページ下のようになります。

サッカーでは、0・5秒も経たないうちに目まぐるしく状況が変わり得ます。**今自分が見た景色は、実際に自分がプレーする時にはまったく違うものになっている可能性が高いです。**「今」覗いた景色の中で、味方や相手の配置、スペースの有無、ボールが動くスピード、どちらがリードしているかなど試合の状況……さまざまな要素を踏まえて、少し先の「未来」を覗く必要があります。これを『今』の形から『未来』を見る」行為と呼んでいます。

ボールをもらう前の景色のままプレーすると……

0.5 秒後の未来もセットで考えてプレーすると……

「シュートを打つ」と思った瞬間にボールは足元にない

　『今』の形から『未来』を見る」ことを、より具体的に見てみましょう。例えば、個人レベルではドリブルをしながらボールを蹴る時です。ここではサイドからドリブルでカットインしてシュート、という場面を想定してみましょう。

　カットインの時には、ボールはゴールに対して横向きに転がっています。「シュートを打とう」と思った瞬間に見たボールの位置で蹴ろうとすると、**ボールは転がっているので、実際には想定よりも向こう側でボールを蹴ることになります。**「今」見たボールに対してプレーしてしまうと、少し先の「未来」のボールをうまく蹴ることができず、ゴールの枠に飛ばすことができないのです。

ボールは転がっているので
キックフォームの間に
移動してしまう
ここでシュートだ!!

ボールの軌道上から ゴールを覗ける場所が「未来」

これを、「未来」を見ながら蹴るとどうなるでしょうか？　大前提として、ボールの軌道越しにゴールを覗きます。この時、「今」そこにあるボールではなく、少し「未来」のボールの軌道と、その軌道越しのゴールを覗くのです。

下のイラストで見てみましょう。**「今」ボールがあるのはAの地点です。「未来」に向かうボールの軌道はBのようになるので、その軌道上でゴールを覗ける場所Cが少し先の「未来」です。**

実際のプレーでは、ボールがAにある時点でCの地点を想定し、Cのボール越しにゴールを覗いてシュートを打ちます。

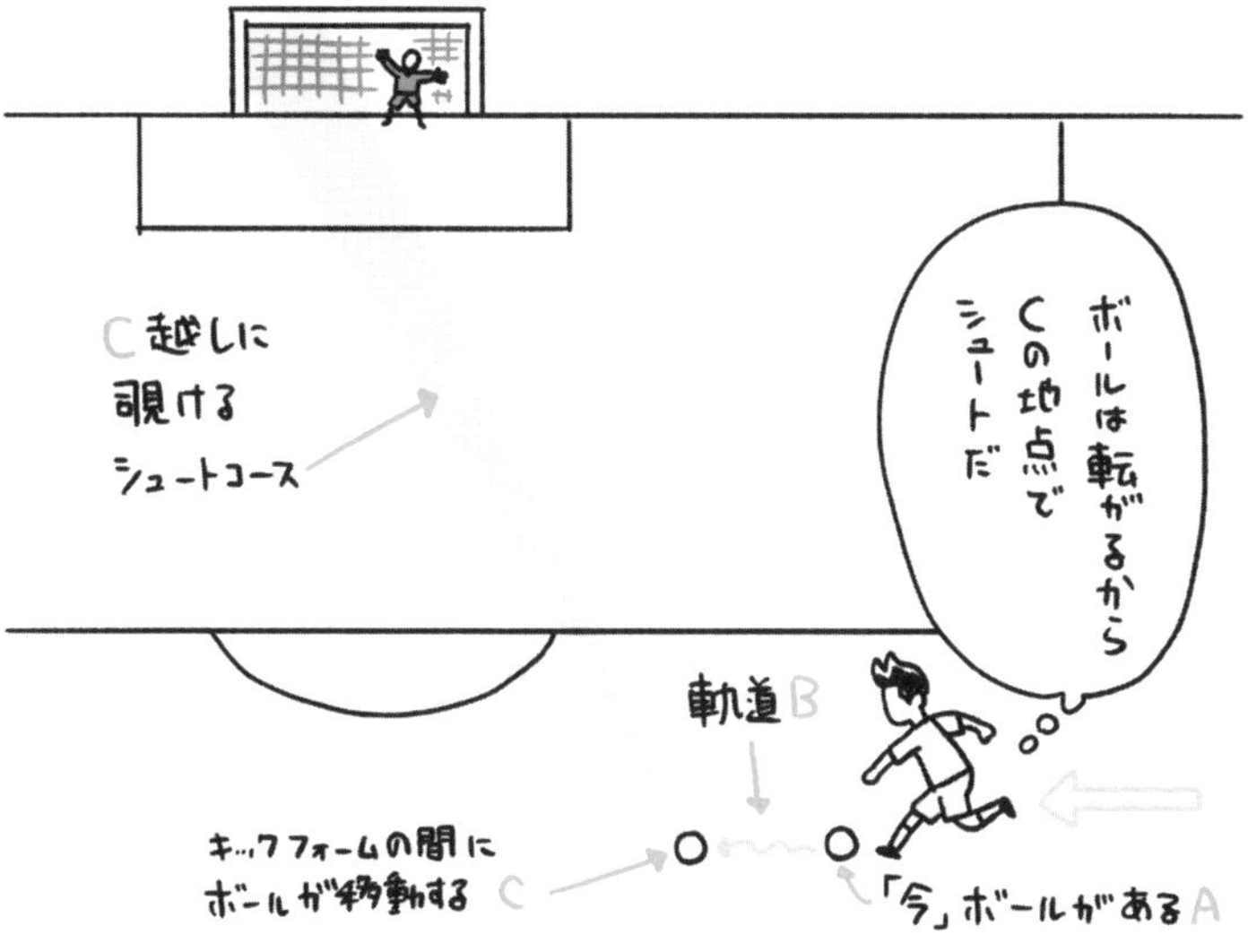

ボールは転がるから
Cの地点で
シュートだ
C越しに
覗ける
シュートコース
軌道B
キックフォームの間に
ボールが移動する C
「今」ボールがあるA

ひとつの「未来」を覗けない時は別の「未来」を覗く

P91のイメージ図で、『今』の形から『未来』を見る」ことの説明をしました。ところが、「未来」がひとつであるとは限りません。先のカットインシュートの例で言えば、たとえドリブルで切り込んでも、相手がついてきてシュートコースが空かない場合もあります。

そういった場合、別の未来を見ます。一般的には「判断を変える」と言われます。判断を変える場合も、「今」の景色だけを覗く場合と、「過去」からの流れを踏まえたものでは、大きな差が出てきます。例えば、左サイドから展開されて右サイドの自分に渡った流れがわかっているか、自分がボールを受けたことだけを認識するかの違いです。

相手が食らいついてきてるなCからのシュートは難しそうだ
C

ゴールとのつながりが強い選手にボールを渡す

別の「未来」を覗く時も、視座を変えて別の景色を覗くことが重要です。カットインの例から見てみましょう。ボールの軌道の延長線上で視座を変えてゴールを覗ける地点を覗き直すか①、ゴールを覗くことを一旦諦めて味方選手へのパスコースを覗き直すか②など、次にどの視座から覗くかを決め、それによって立ちどころを決めます。

またその際は、「誰が一番ゴールにつながっているか」を認識することも重要です。覗き直して自分がもっともゴールに近ければそのまま突破をすればいいでしょう。別の選手がフリーで走り込み、自分よりも強くゴールとつながっていれば、そちらにパスを出すのも選択肢です。

Section 02

サッカーは ペアリング のスポーツ

サッカーを時系列で考えるために必要なのが、つながりです。本書ではつながりを「ペアリング」と表現し、ボールやボールホルダーとつながる「ボールありペアリング」と、ボール以外とつながる「ボールなしペアリング」に分けて考えていきます。

ボールなしペアリングとボールありペアリング

英語に「pairing（ペアリング）」という言葉があります。辞書には「ペアにすること」とあります。転じて「つなぐ、接続する」という意味もあり、音楽デバイスと無線イヤフォンを接続する時に「ペアリングする」と言ったりします。**サッカーでも「ペアリング」の考え方が必要です。**本書では、スペースや味方選手を認識し、つながりができたことを「ペアリングした」と言います。

ペアリングでは、何とつながるかを考えます。ボールやボールホルダーとのつながりを「ボールありペアリング」、それ以外の味方やスペース、ゴールなどとのつながりを「ボールなしペアリング」と呼びます。

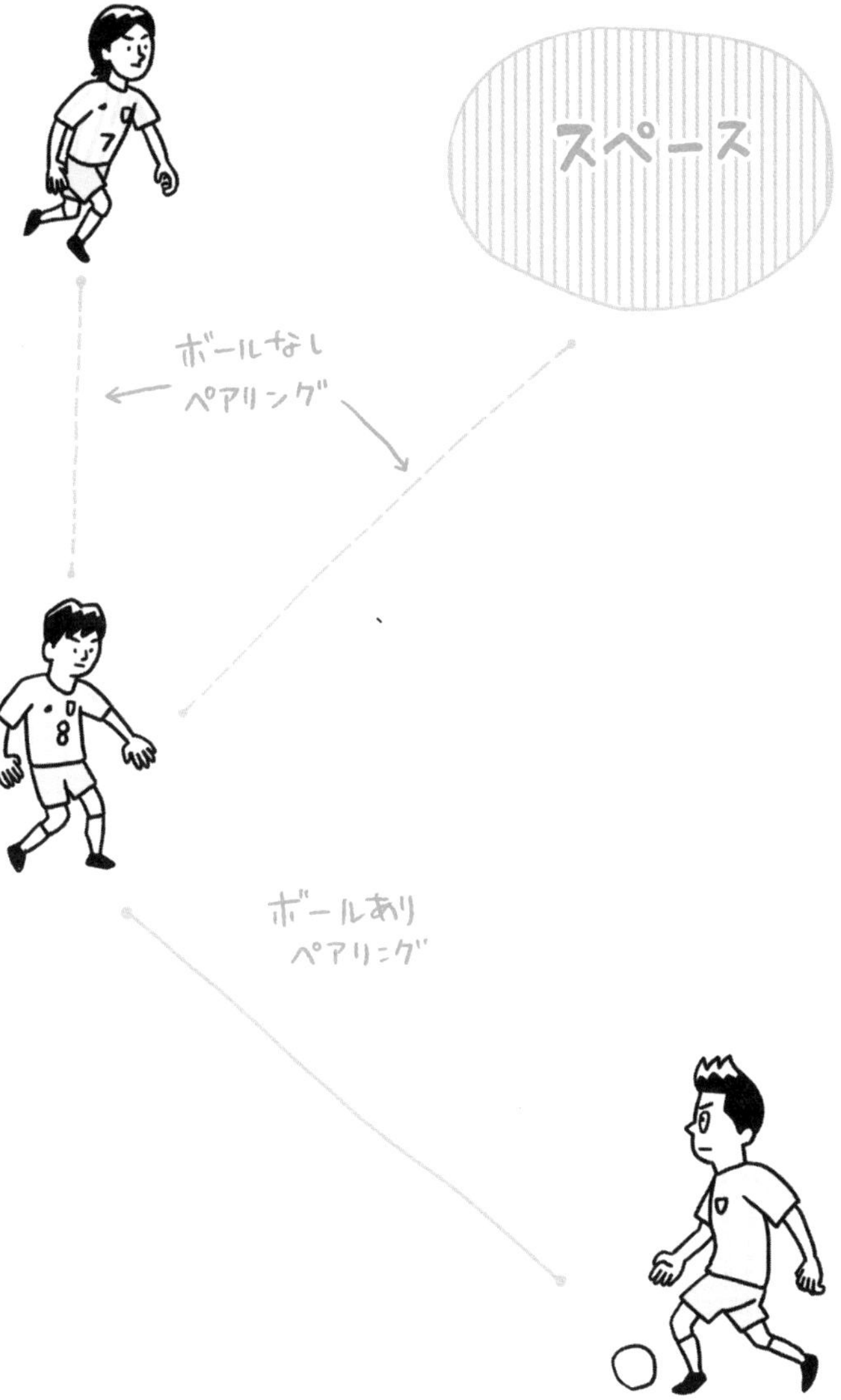
スペース
ボールなし
ペアリング
ボールあり
ペアリング

ボールやボールホルダーとのつながりが「ボールありペアリング」

ボールやボールホルダーとのつながりを「ボールありペアリング」と呼びます。サッカーはボールがもっとも強くペアリングされる競技です。したがって、特に何も意識しないままサッカーをプレーすると、ボールとのつながりが自然に強くなります。サッカーを始めたばかりの子どもが、ボールに群がって「だんごサッカー」になるのは、典型的な例のひとつです。

サッカーは、ボールをゴールに入れて得点を争う競技なので、ボールありペアリングは必要です。一方で、意識的にボール以外のものとつながりを作らないと、他の味方選手、相手選手、スペースの認識が弱くなってしまいます。

「ボールありペアリング」は
とてもつながりが強い
ボールあるよ
ボール
8
10

ボールとのつながりだけでは次の景色が覗けない

より具体的に見てみましょう。例えばDFラインでボールを回している時に、**ボールをもらうために中盤が下がってボールを受けるのは、ボールホルダーに対するアクションの典型的な例です。**この時、次への展開や別の視座で覗けているなら問題ありませんが、実際には下がってボールを受けて、前を見て、何もできないためまたバックパス、というプレーが多く見られます。こういったボールありペアリングのみのプレーは、特に狙いがあってパスを回しているわけではないので、どこかのタイミングで相手のプレッシャーに負け、ボールを奪われてしまうことが多いのです。

ボールありペアリングとボールなしペアリングの交点に立つ

ボールやボールホルダーとつながる「ボールありペアリング」に対して、それ以外の**味方選手、相手選手、スペース、ゴールなど、ボール以外のものとのつながりを作ることを「ボールなしペアリング」と呼びます。**「ボールなしペアリング」が多い選手ほど、プレー中にたくさんの視座を持ち、状況に応じて視座を変えることができます。

ボールなしペアリングは、自分にボールが入る前に、味方選手やスペースなどとのつながりを作るため、『今』の形から『未来』を見る」考え方（P88）を踏まえると「未来」にあたります。

ボールなしペアリングの有無で、実際のプレーでは何が変わるでしょうか？　ひとつが立ちどこ

ろです。自分が味方からパスを受けようとする時、ボールホルダーから自分へのパスコースを確保する選手は多いと思います（ボールありペアリング）。今ボールを持っている選手に対するサポートは、比較的多くの選手が意識できることです。

しかし同時に、次にプレーしようとする味方やスペースとのつながりを持つことがとても重要です（ボールなしペアリング）。〝いい選手〟は常に次のプレーや景色を覗きながらプレーしているため、ボールホルダーと同時に、その次のつながりを持ってプレーしています。

ボールありペアリングとボールなしペアリング。このふたつのラインの交点に立つことが、本当の意味でのポジショニングなのです。

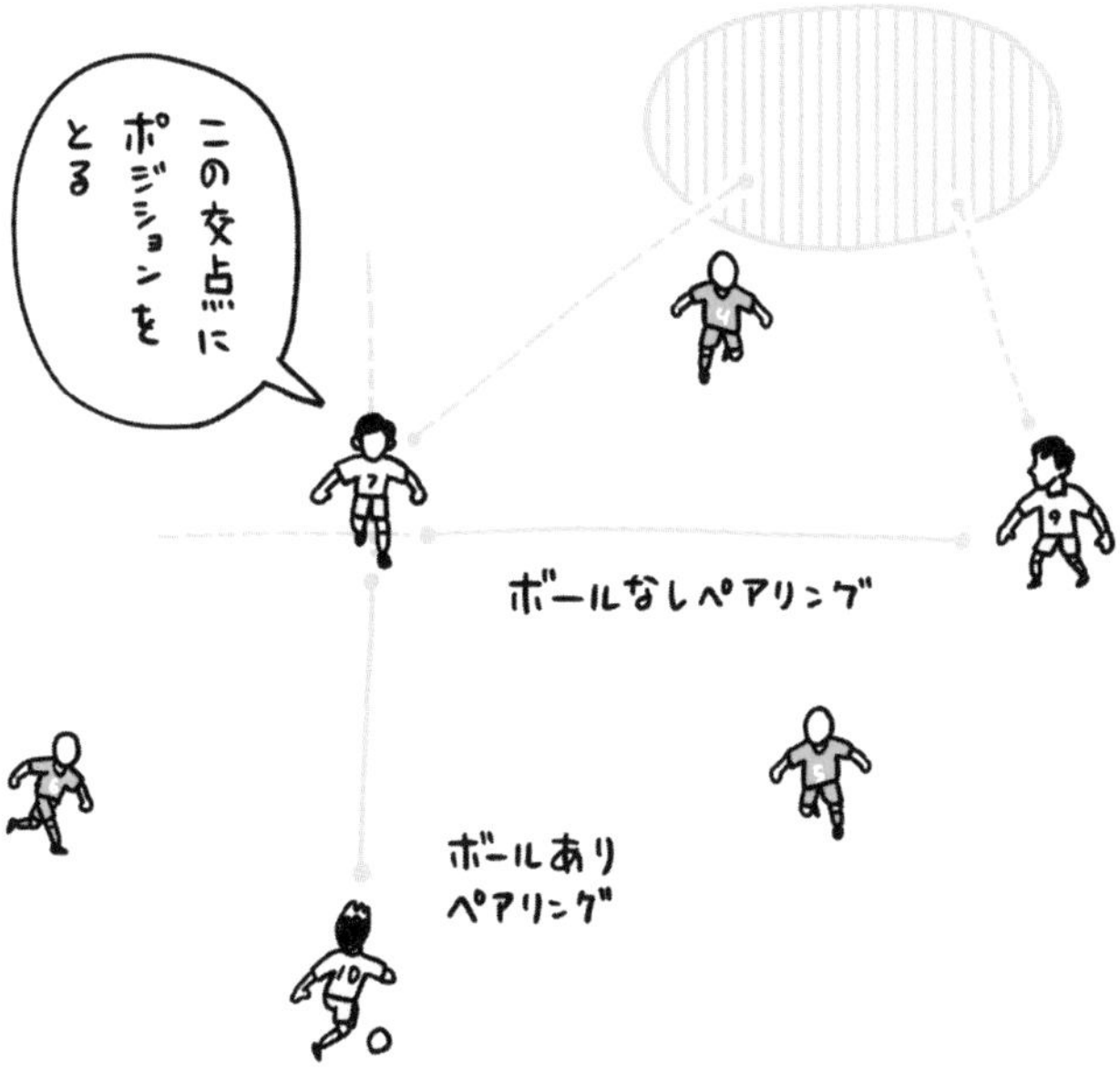

自分以外の視座で覗くことでボールなしペアリングを作れる

ボールなしペアリングを成立させるためには、自分以外の視座で覗くことが必要です。例えば下のような場面。ボールホルダーAからパスを受けて、スペース①を活用しようという場面です。

ボールなしペアリングで①のスペースが覗けていれば、相手選手がプレッシャーをかけてきても、立ちどころを変えて覗き直すことで、①のスペースを活用することができます。また、プレッシャーをかけてくる相手選手の景色を覗けていれば、Bとのスペースのボールなしペアリングでつながる先を変えることもできるでしょう。

このように、ボールなしペアリングと覗く力は深い関係にあります。

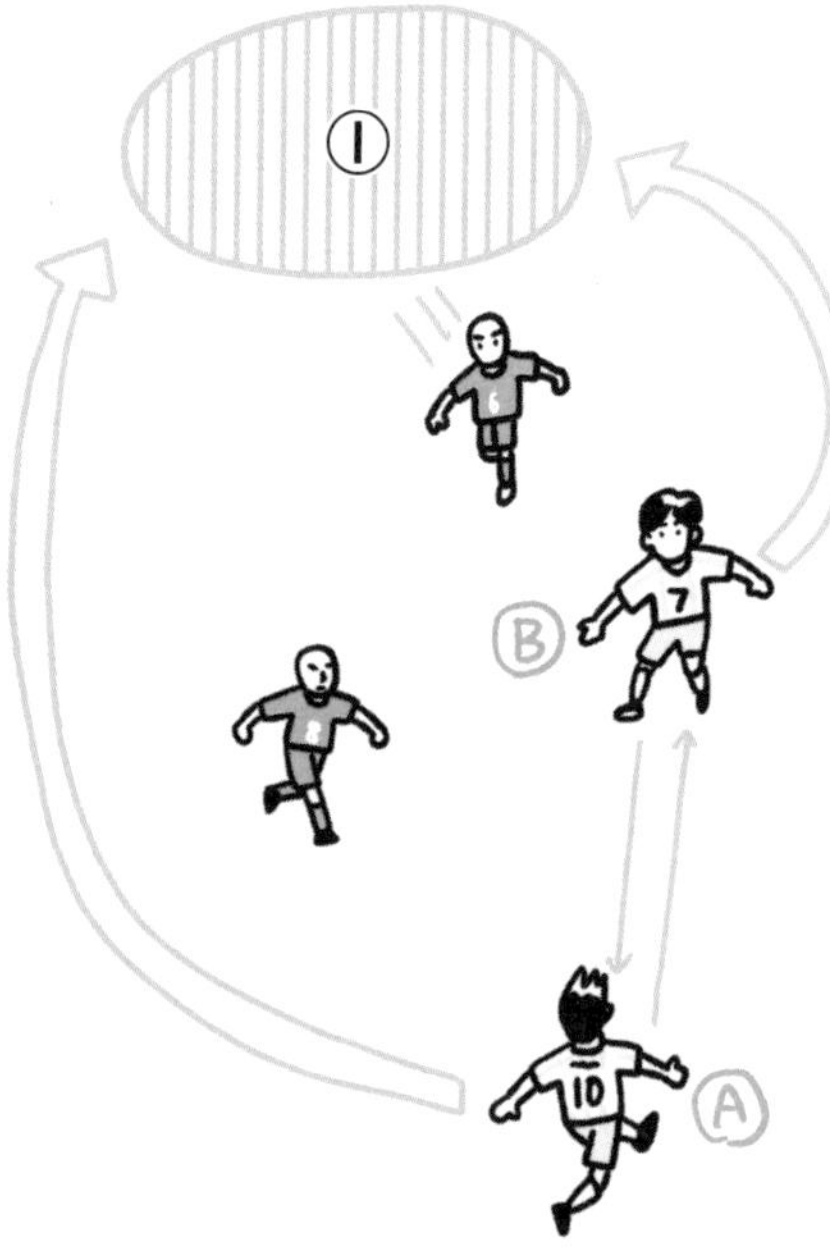

中盤でボールを奪われてしまう選手は
ボールなしペアリングがない

ボールなしペアリングは、ポジションを問わず必要な能力ですが、中でも特に求められるのは中央のエリアでプレーする選手です。

例えば、中盤でボールを受けても、前を向けなかったり、パスをさばけなかったりして、ボールを奪われてしまう中盤の選手は多いです。これはボールありペアリングしかなく、ボールホルダーに対するポジショニングだけになっているためです。ボールなしペアリングや、相手の視座を覗くことができていないため、プレッシャーに気づかず奪われてしまうのです。ボールありペアリングとボールなしペアリングの交点に立つことで、落ち着いてボールをさばくことができます。

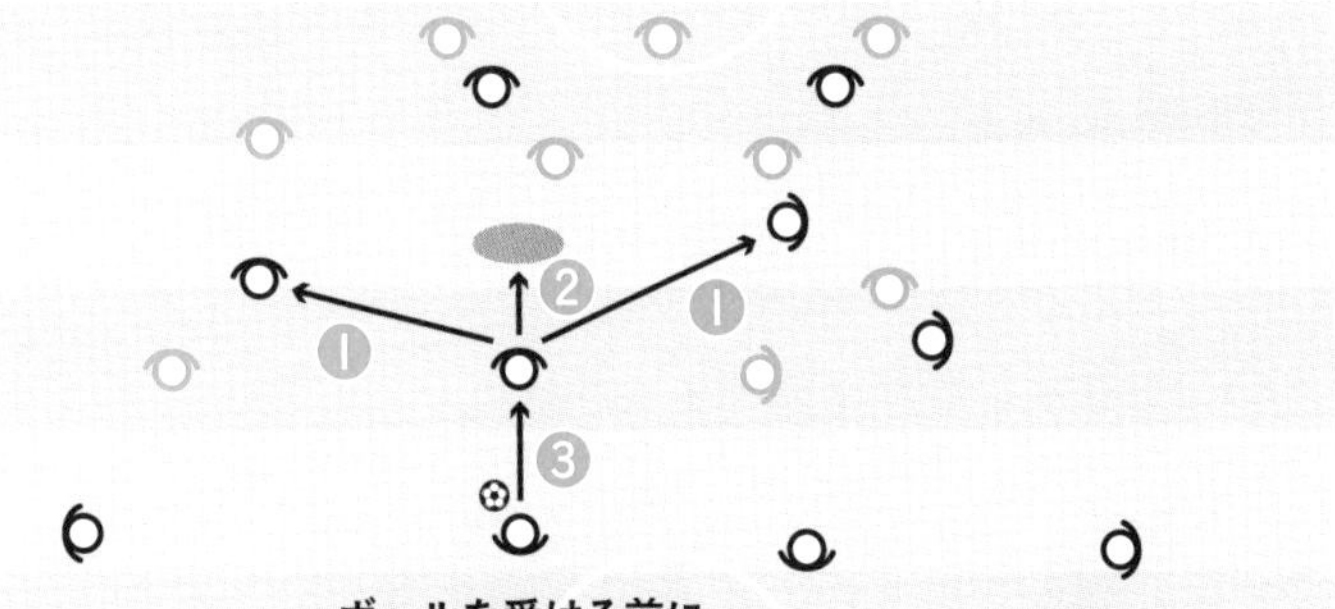
ボールを受ける前に
ボールなしペアリングを
作れているかどうか

ボールをもらった後につなぐべき味方の位置❶や、振り向いて侵入するべきスペース❷などとボールなしペアリングを作った上で、ボールホルダーに対するアクションを起こします❸。

ボールなしペアリングが連続していくことを「連携」という

ボールなしペアリングは、味方と共有することで効果が最大化します。例えば、ボールホルダーAが選手Bにパスを出そうとしている時、BはCへのボールなしペアリングを持っているとします。この時、Cが自分へペアリングが向いていることを認識できていれば、Bからボールを受け取れる場所にポジションを取ることができます。さらに、Bからのパスを受け取った後、次のプレーを展開するためのボールなしペアリングを作り、さらにその次……とつながっていくことで、チームのプレーがスムーズに流れていきます。**こうしてペアリングが連続していくことを、一般的に連携と呼ぶのです。**

スピードと流れを壊さない場所とペアリングする

ボールなしペアリングで未来とつながることは重要です。もうひとつ考えたいのは、**どことつながるか**です。つながる先を適切に選択するためには、流れを汲むことが必要です。

例えばダイレクトパスが続いて非常にスピード感を持って攻撃ができている場合、その流れを壊さずにプレーできるスペースや選手とつながります。ビルドアップで相手陣内に侵入できない状況なら、縦パスを入れられるようにFWや相手DFの裏のスペースとつながります。

本書でここまで解説してきた、覗く、ペアリング、接続などは、それぞれ別個に考えるものではなく、すべてが関わり合っているのです。

「決定力」とはゴールへのボールなしペアリング力

トップレベルの選手の中には、特別技術が高いわけではないのに、なぜかゴールを量産する選手がいます。古くはイタリア代表FWインザーギなどです。ドリブルで4、5人抜けるわけでもなければ、足が速いわけでも、2mの身長があるわけでも、強烈なシュートが打てるわけでもありません。しかし、**インザーギはイタリア・セリエAで得点王になり、通算197ゴールを挙げました。その理由はなんでしょうか？**

インザーギのような選手を形容する際に、「ゴールへの嗅覚がある」、「決定力がある」と言われます。私は、それらを「ゴールへのボールなしペアリング力」が高いことと考えています。

タイミングを合わせてクロスの軌道とボールなしペアリングの交点に立つ

例えばクロスの場面なら、サイドにあるボールに認識を集中させるのではなく、**クロスの軌道(ボールありペアリング)と、シュートコース(ボールなしペアリング)の両方を認識し、その交点越しにゴールを覗きます。**なおかつ、ポジションに入るタイミングも計りながら、クロスが多少逸れても対応できるように、つながりを持ち続けます。

ゴールへのペアリングは、ゴールに近づくほど途切れやすくなります。相手からのプレッシャーが強くなったり、背後からパスを受けることになったりするためです。決定力のある選手は、その状況でもゴールへのペアリングを持ち続けることができるのです。

クロスの軌道は
こうだから
ゴールとつながれる
のはこのあたりだ

ボールなしペアリングを身につけるには考え方を見直すことが必要

ボールなしペアリングができるようになるためには、何が必要なのでしょうか？　ひとつは、本章で述べている時系列の考え方です。具体的にピッチ上で何をするかよりも、まず自分の考え方を見直す必要があります。

ボールホルダーへのアクションが多くなってしまう選手は、時系列の考え方がなく、すべてのボールに対して自分が関わろうとしてしまう選手です。しかし、未来が見えていないため、実際に自分がボールを受けた時には、どんなプレーをすればいいのかわからなくなってしまいます。

ボールなしペアリングでつながるのは、次に向かうべき未来です。まずボールなしペアリングで「未来」と意識をつなげ、その「未来」を実現するために自分の立ちどころを決め、ボールをもらい実行する、というプロセスが必要なのです。

一方で、自分のボールなしペアリングのラインを相手が塞いできて、ボールを受けたとしても未来へつながることが難しい場合があります。そういった時に、「今は自分が受けるべき時ではない」と考えられるかどうかが大きなポイントです。なぜなら、サッカーではゴールを決めることがもっとも大事な目的であり、自分がどう関わるかは手段でしかないからです。

未来へ向かう中で、どのタイミングで自分が関わるべきかを見極められるのが、〝いい選手〟なのではないでしょうか。適切なタイミングで未来へつながることができるプレーが、〝やるべきプレー〟なのです。

こっちのサポートが
オレの出番だ
ヘイ
今俺がもらうのは無理だ

Section 03

技術とは接続である

「サッカーの技術」と言うと、華麗なドリブル、強烈なシュート、正確なパスなどをイメージすると思います。しかし、それらはなんのために行うのでしょうか？ このセクションでは、「技術とはなにか」を改めて考えていきます。

技術とは「今」と「未来」をつなぐもの

サッカーを流れとして認識し、「今」の形から「未来」を見ることが必要だと説明してきました。少し言い方を変えると、「今」は「過去」を「未来」へつなぐための瞬間と捉えることができます。

そして、正確に「未来」へつなげるために必要なのが、トラップ、パス、シュートなどの技術なのです。私は「技術とは接続である」と考えています。

目的地を認識し、少し先の未来の景色を覗き、適切な位置に立ち続け、**「過去」から「未来」へ接続するために、「今」ボールを扱う技術を発揮するのです。**

DFと中盤のライン間のポジションはなぜ有効なのか？

日本でサッカーのことを話したり、実際の指導現場に出たりしてみると、海外のこの選手はどんなふうに上手く、ポジショニングが適切であるか、自分たちがボールをどのように扱うか、という話や練習が多いと感じています。例えばポジショニングなら、「相手のDFと中盤のライン間に立ってボールを受け、そこから崩す」などです。

しかし、そのプレーがなぜ有効なのでしょうか？ **そのポジションに立つ前はどのような状態で、立った後やボールを入れた後に敵味方がどう動くのか？** こういった前後の文脈があって、初めて2ライン間のポジショニングが生きてくるのではないでしょうか。

最適な立ちどころがライン間だっただけ

例えばベルギー代表ケビン・デ・ブルイネは、ライン間にポジションを取り、そこでプレーするのが非常に上手い選手です。デ・ブルイネを見て「デ・ブルイネのようにライン間にポジションを取れ」と言う人もいるでしょう。

しかし、ライン間にポジションを取ることが目的なのでしょうか？　ボールを受け、相手を引きつけて次にパスを出したり、自分がシュートを打ったりするために最適な立ちどころを探した結果、その場所がライン間だった、ということはないでしょうか？　つまり、次へのプレーにつながるのであれば、ライン間でなく相手の守備ブロックの外でもかまわないのです。

「過去」と「未来」をつなぐために「今」技術を発揮する

これを『今』の形から『未来』を見る」考え方に当てはめると、下のようなイメージになります。「今」はライン間にポジションを取っている時で、「未来」は次のパスやシュートなどのプレーです。「過去」は、ボールをポゼッションしている状況からデ・ブルイネにパスが出された時です。ある程度自チームが**ポゼッション**し、相手DFの陣形が整ったので（過去）、**ボールを受けた後にゴールにつながるパスやシュート**を展開する（未来）、その流れをつなぐために、**ライン間に入りボールを受ける**のです（今）。技術はあくまで「過去」と「未来」をつなぐもの。これが「技術とは接続である」という意味です。

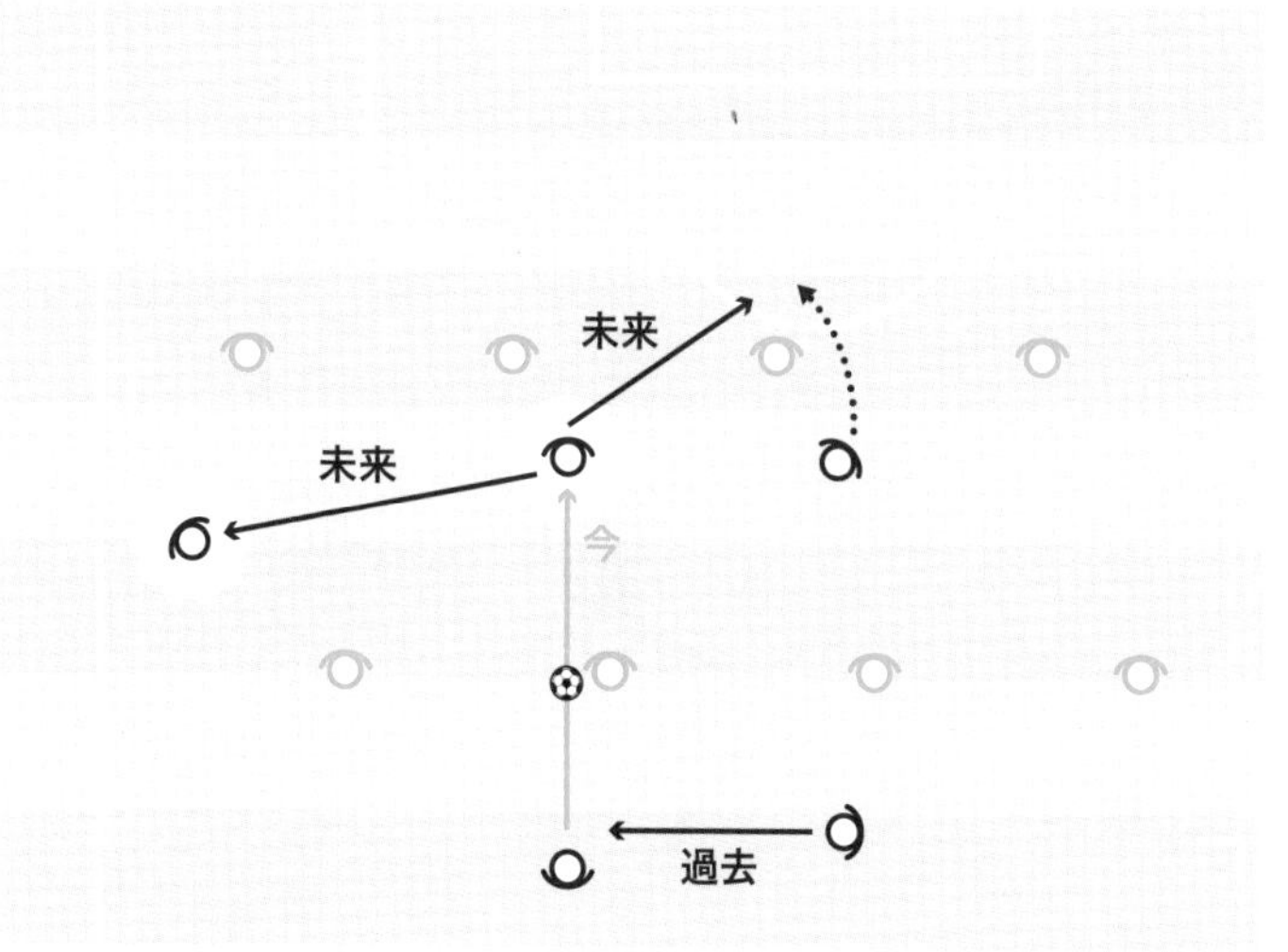

自分へボールが渡るまでの過程が「過去」、ボールなしペアリングで届ける先は「未来」、そして「過去」と「未来」をつなぐのが「今」であり、そのために技術を発揮します。

ボールなしペアリングでつながる先が「未来」

ここまで、サッカーを時系列で考えることを解説してきました。ところで、自分のプレーが始まるのはいつでしょうか?「過去」?「今」?それとも「未来」? 答えは「過去」です。

ところが、実際には多くの選手が「今」、つまり自分にボールが入ってからプレーを考えています。そうなると、ボールなしペアリング(未来とのつながり)がないため、まずトラップして、次に周囲の状況を見て、プレーを判断します。自分が今立っている場所の景色の視座からのプレーしかできないのです。その結果、「まずトラップ」からプレーが始まってしまい、局面の戦いの連続になってしまう、ということです。

試合の流れに乗れるのはペアリングや覗くことができている時

試合を流れで捉えている時は、ボールなしペアリングを作れていたり、他の選手の視座で景色を覗けていたりする時です。

下のイラストで見てみましょう。選手Aがプレーの始点で、パスを出した後、前方のスペースへ走り込んでチャンスを窺います。BやCは、Aが前方のスペース①とペアリングしていることを認識できると、Aのスピードを落とさないようにパスを出すことができます。BやCは、Aが①へ侵入するために接続点となった、ということです。

Aが①とペアリングしていることを認識するためには、BやCはAの視座を持ち、Aが見ている景色を覗く必要があります。

いい流れでパスが回ってるからダイレクトで出して流れを壊さないようにしよう
Ⓒ
①
Ⓑ
Ⓐ

Column

サッカーと言語

03

日本語はすでに共有している前提を省略できる言語

プロローグでは、言語の違いによる視座の変化について、簡単に述べています。これが、日本語話者と諸外国語話者の「前提」の違いです。もう少し踏み込んで考えてみましょう。

「(私が) 先生に怒られた」のように、日本語という言語は多くの場合、話者の視座で文章や会話を組み立てます。聞き手も、話者の視座であるという前提のもとに話を聞いたり文章を読んだりします。その前提が共有できていない時は、話題や主役が何なのかをはっきりさせるために「〇〇が」と主語を使います。また反対に、何の話題なのかを共有できていないうちに、主語が省略された話を聞くと「それ、なんの話?」となってしまう時もあります。

英語をはじめとした多くの外国語は、第三者の目線からの視座を持つことが多いです。そのため、話の主人公が自分で、日本語では「私は (が)」を省略するような場面でも、「I 〜〜」と必ず主語を明確にします。「昨日、渋谷に行った」のように「私は」を省略する日本語と、「I went to Shibuya yesterday」のように必ず「I」を入れる英語の違いです。

ドイツ、イタリア、フランス、スペイン、ポルトガル、オランダ、ブラジル (ポルトガル語)、アルゼンチン (スペイン語) ……。サッカー強豪国と言われる国の多くが、英語と同じような仕組みを持っています。言語による視座が前提と考えると、多くのサッカー強豪国は同じ前提を持っており、日本はサッカー以前に、言語による視座の違いという決定的な前提の違いがあるのです。

4

ピッチ上で
景色を“覗く”

3章までにたびたび登場した“覗く”という言葉は、
「○○越しに見る」という意味を持っており、
この考え方がサッカーをプレーする上でも必要になります。
さまざまな視座から“覗く”ことで、
“やるべきプレー”がわかるようになります。

Section 01

“やるべきプレー”が できる時とできない時

1章では、“いい選手”と“やるべきプレー”の定義付けを行いました。2章では具体的な動きを紹介し、3章ではサッカーを“流れ"で捉えることを解説しました。そのような中で、“いい選手”は、どのようにして“やるべきプレー”を選択しているのでしょうか?

誰でも〝やるべきプレー〟を できている時はある

〝いい選手〟であっても、すべての試合で〝やるべきプレー〟ができるとは限りません。クラブで数々のタイトルを獲得しているメッシが、アルゼンチン代表で活躍できていなかったことからも、それがよくわかると思います。どんなに優れたプレイヤーでも、ミスをする時や〝やるべきプレー〟ができない時はあるものです。

反対に言えば、本書を読んでいるみなさんも、やるべきプレーができる時とできない時があるはずです。では、その時の違いはなんなのでしょうか? **継続的にやるべきプレーをするためには、何が必要なのでしょうか?**

クラブでは目覚ましい活躍を見せるメッシが、アルゼンチン代表ではなぜ輝けなかったのでしょうか？

状況がわかっているほど〝やるべきプレー〟がわかる

選手によっても違いますが、〝やるべきプレー〟ができている時は、次に相手が何をしてくるかわかる、味方の位置がわかる、ボールがどこに転がるかわかる、ボールを受ける前から次に何をすればいいかわかる、といった感覚があるのではないでしょうか？　おそらくそういった時は、ボールだけでなく、他のあらゆる状況を認識できており、自然と次のプレーが決まり、何も考えずにプレーしてもうまくいくのではないかと思います。

例えば、ボールをもらう前の場面。下のイラストのように、相手選手がどのように近づいてきて、その逆を取るために自分がどうプレーするのがいいか、自然とわかるのではないでしょうか？

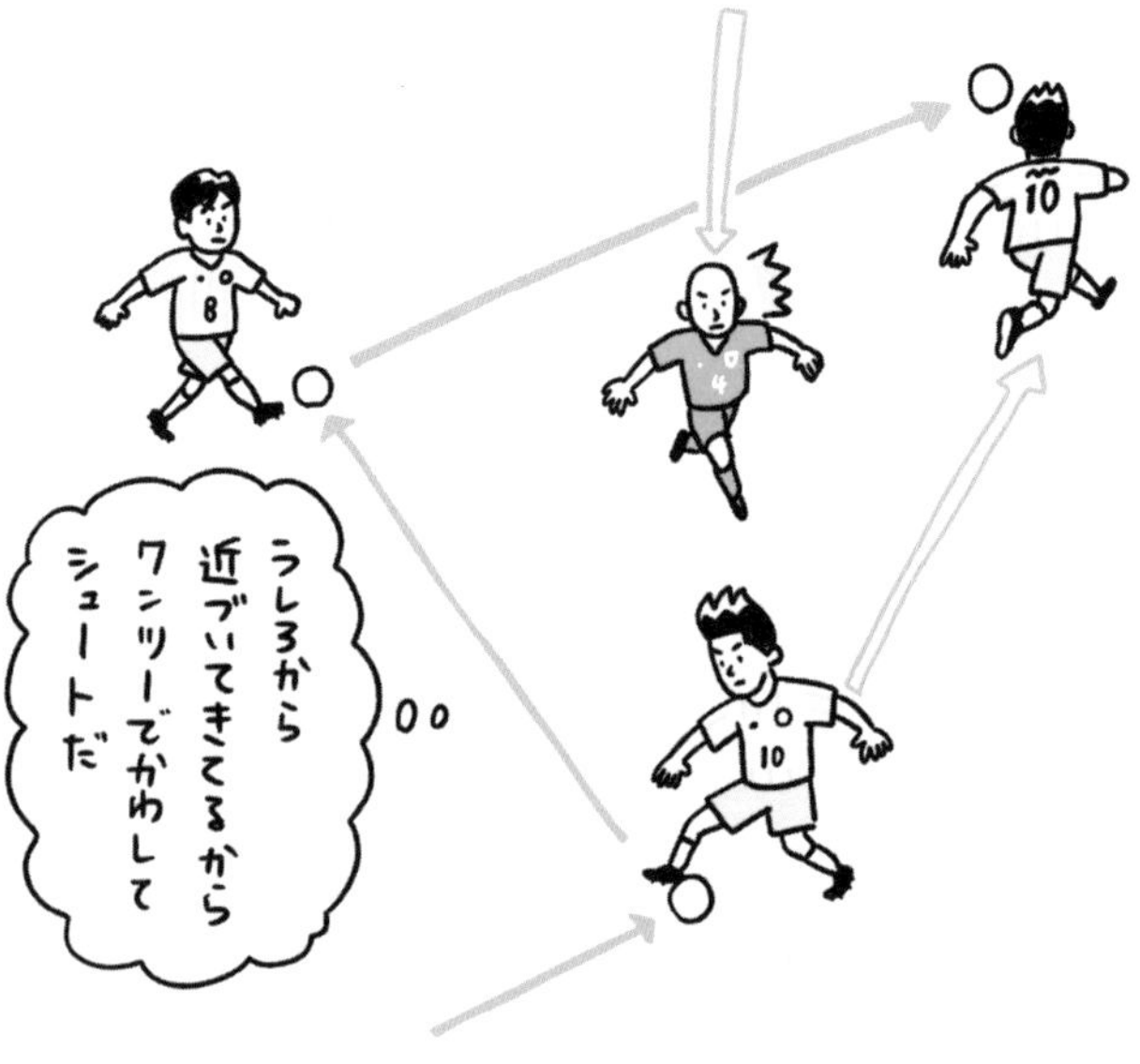
ウシロから
近づいてきてるから
ワンツーでかわして
シュートだ

ボール越しに覗いた景色でプレーが決まる

この時の認識をイラストで確認してみましょう。まずボールをもらう前に、ボールホルダーから自分を見た時の景色を覗いています。そうすると、自分の背後に相手DFがいて、さらにその後ろにスペースがあり、右側には味方がいることが認識できます。こういった状況が認識できると、背後のスペースを使うための立ちどころが決まり、パスを受けてプレーすることができます。

このように、**周囲の状況を把握して、自分が見ている以外の景色を認識することが、〝やるべきプレー〟をするために重要なのです。**次ページからより詳しく解説していきます。

スペース
右に味方がいて
DFのうしろに
スペースがあるな…

Section 02

ピッチ上の さまざまな場所から 覗く

“やるべきプレー”ができている時は、ピッチ上の景色を覗き、相手選手、味方選手、スペースなどを認識できている時です。1章から3章でも「覗く」ことの大切さを解説してきました。ここで、サッカーにおける「覗く」という意味を改めて考えてみましょう。

「覗く」＝ボール越しの景色を認識する

「覗く」という言葉の意味は、辞書には「物陰やすきま、小さな穴などから見る」と記述されています。壁越しに覗く、カメラのファインダー越しに覗くなど、「〇〇越しに見る」という意味合いで使われます。

サッカーでも、この考え方が必要です。サッカーはボールがすべてのプレーの中心になりがちですが、**“やるべきプレー”のためには、ボール以外の状況を認識する必要があるからです。**

本書では、ボール越し、スペース越し、相手選手越しなど、自分以外の視座を設定してそこからの景色を認識することを「覗く」と表現しています。ここまでの解説で使われている「覗く」という言葉も、そのように理解してください。

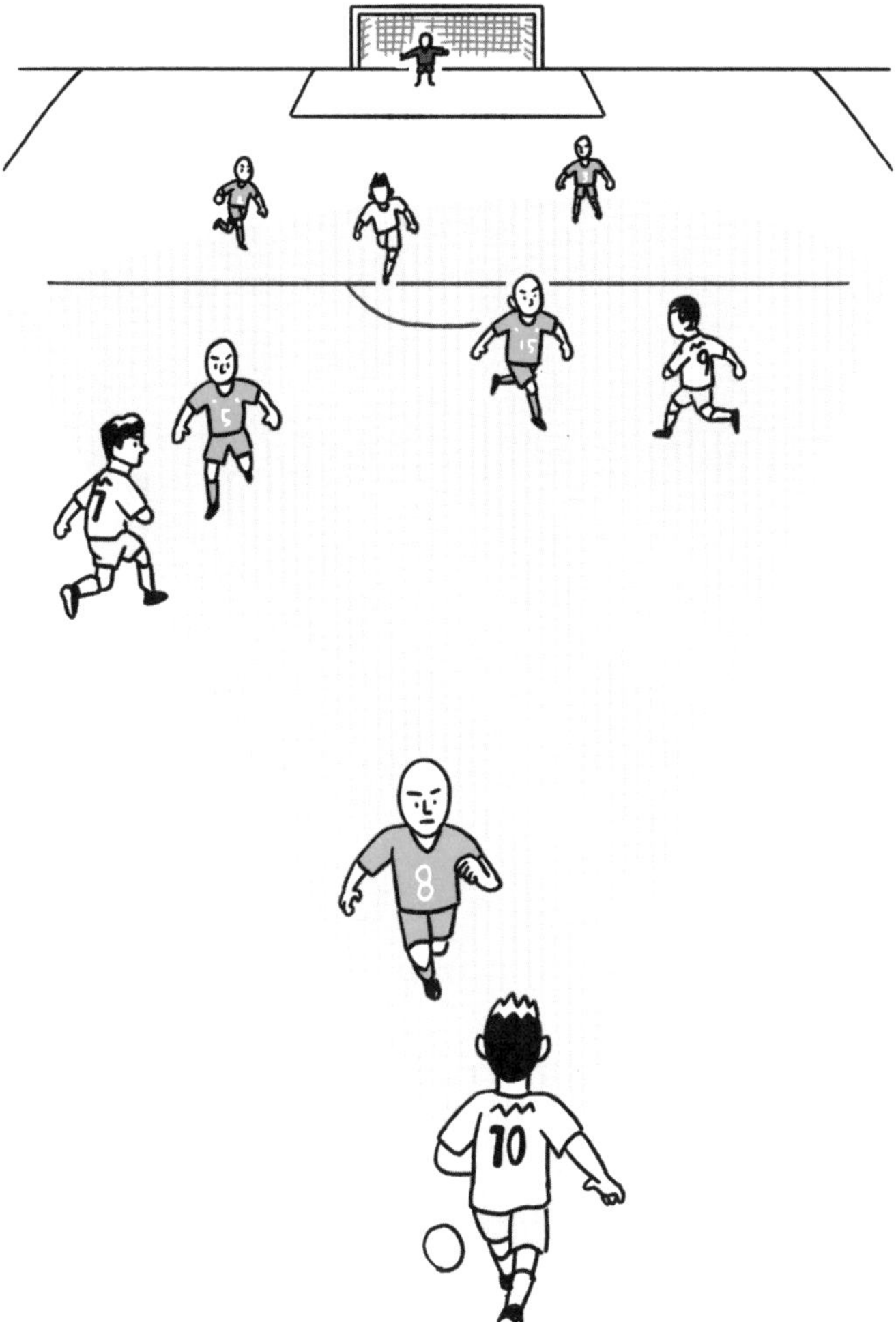

10番がボールを持った時に、10番が見ている景色を7番や9番が覗けているかどうかが重要です。

「いい視野の確保」では プレッシャーやスペースがわからない

日本では、「いい体の向きで視野を確保しよう」と言われます。そもそも「視野」とは目に見える範囲のことで、左右に１００度ずつあると言われています。しかし、物の形や色などがはっきりと確認できる「中心視」は、角度で言うと１～２度しかありません。中心視のまわりには「有効視野」が約20度、物の形や色がはっきりとはわからない「周辺視野」が左右に90度ずつ広がっています。

　つまり、サッカーで「いい視野」を確保できていても、中心視にボールしか入っておらず、認識の中心がボールになっていては、相手のプレッシャーやスペースを感じることはできないのです。

「視座」を設定して覗く

そこで必要なのが、プロローグでも述べた「視座」です。自分の見ている景色以外の視座を設定することで、認識の中心をボール以外にすることができます。

例えば、自分と横並びか、後ろの選手からパスを受ける時。ゴールに向かうために前方の状況を把握したいところですが、パスは横や後ろから出てくるため、ゴールへの進行方向と視線の向きが一致しません。

こういった場合に、自分の立ちどころ以外の視座を設定して、ボール越しに前方の景色を想像できるかどうかが重要です。そして、「どの向きを覗くか」という方向の基準を決めるのが、ボールなしペアリングなのです。

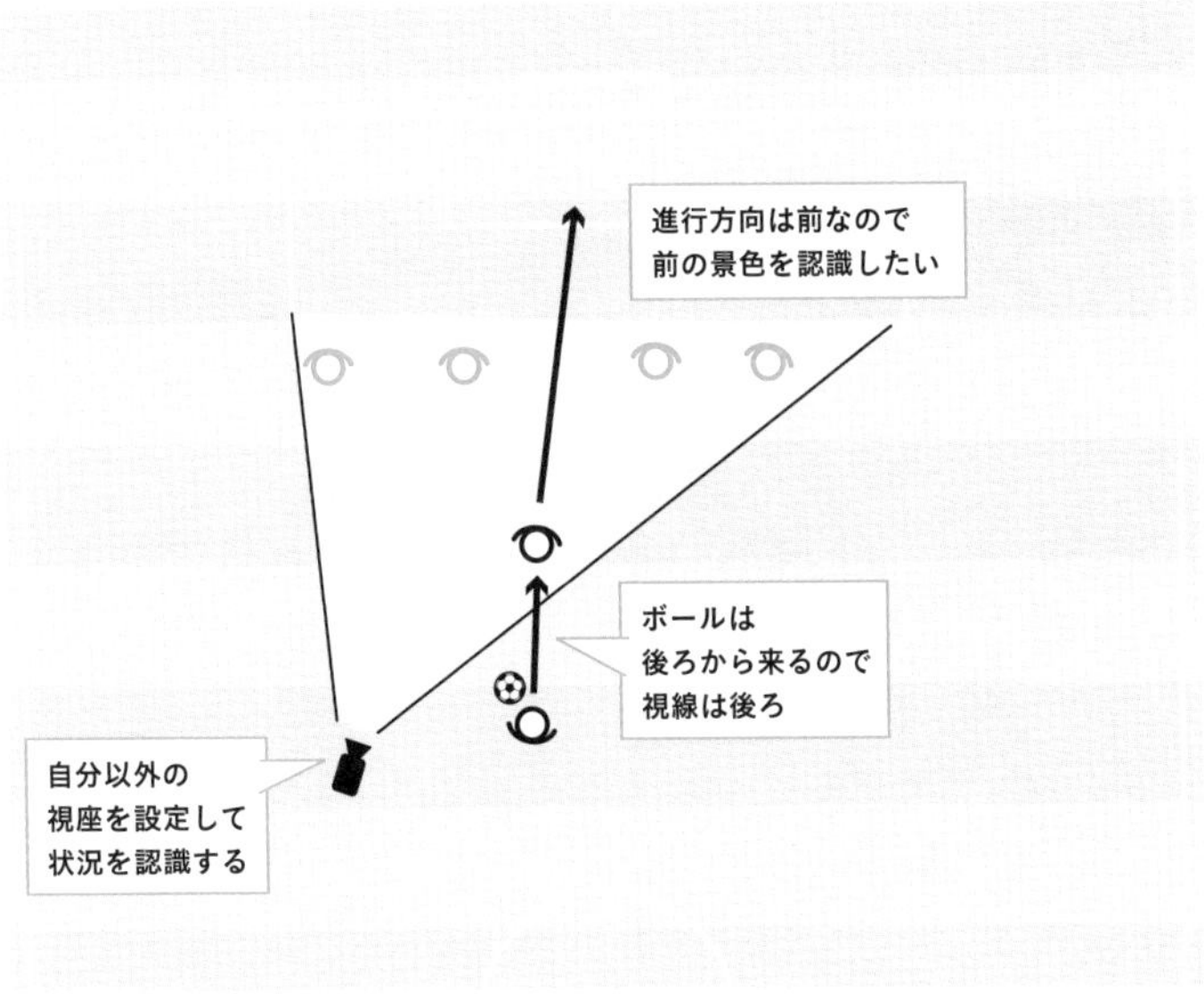
進行方向は前なので
前の景色を認識したい
ボールは
後ろから来るので
視線は後ろ
自分以外の
視座を設定して
状況を認識する

自分の見ている景色以外の場所に視座を置いて覗く

例えば下のような場面。ボールホルダーの選手Aと、パスを受けようとする選手Bでは、立ち位置が違うため、それぞれの見ている景色も違います。この時、選手Bの認識の中心がボールになっている状態が「ボールウォッチャー」です。

ここで選手Bに必要なのは、自分の立ちどころ以外の場所に視座を設定して、そこから見える景色を覗き、立ちどころを決めることです。P125の図で見てみましょう。選手Aからボールをもらおうとしている選手Bがいます。選手Aは左足でボールを持ち、相手DFはAの左側に立っているので、選手Bは①のようにDFラインの背後に抜けることはできません。かといって、次の景色を

選手Aと選手Bが見ている景色はそれぞれ違います。お互いの選手がお互いの見ている景色を覗けるかどうかで、次のプレーやポジショニングが変わります。

覗けていないと、②の場所にただまっすぐ下がってボールを受けて、何もできずに再びバックパス、というプレーになってしまいます。

ここで必要なのは、自分以外の視座からの景色を覗いておくことです。何も意識せず普通にプレーしていると、選手Bは自分の視座しか持てませんが、例えば③の視座からの景色はどうでしょうか？　自分越しにゴールやスペースが確認できるので、少し下がってボールを受けるアクションを起こし④、相手DFがついてくるなら自分が囮になって選手Cがフリーになる、相手DFがついてこなければ自分がボールをもらって前を向く、などの展開をイメージできます。実際に肉眼でその景色が見えるわけではありませんが、周囲の状況を見て、自分以外の視座から見える景色を想像することが必要なのです。

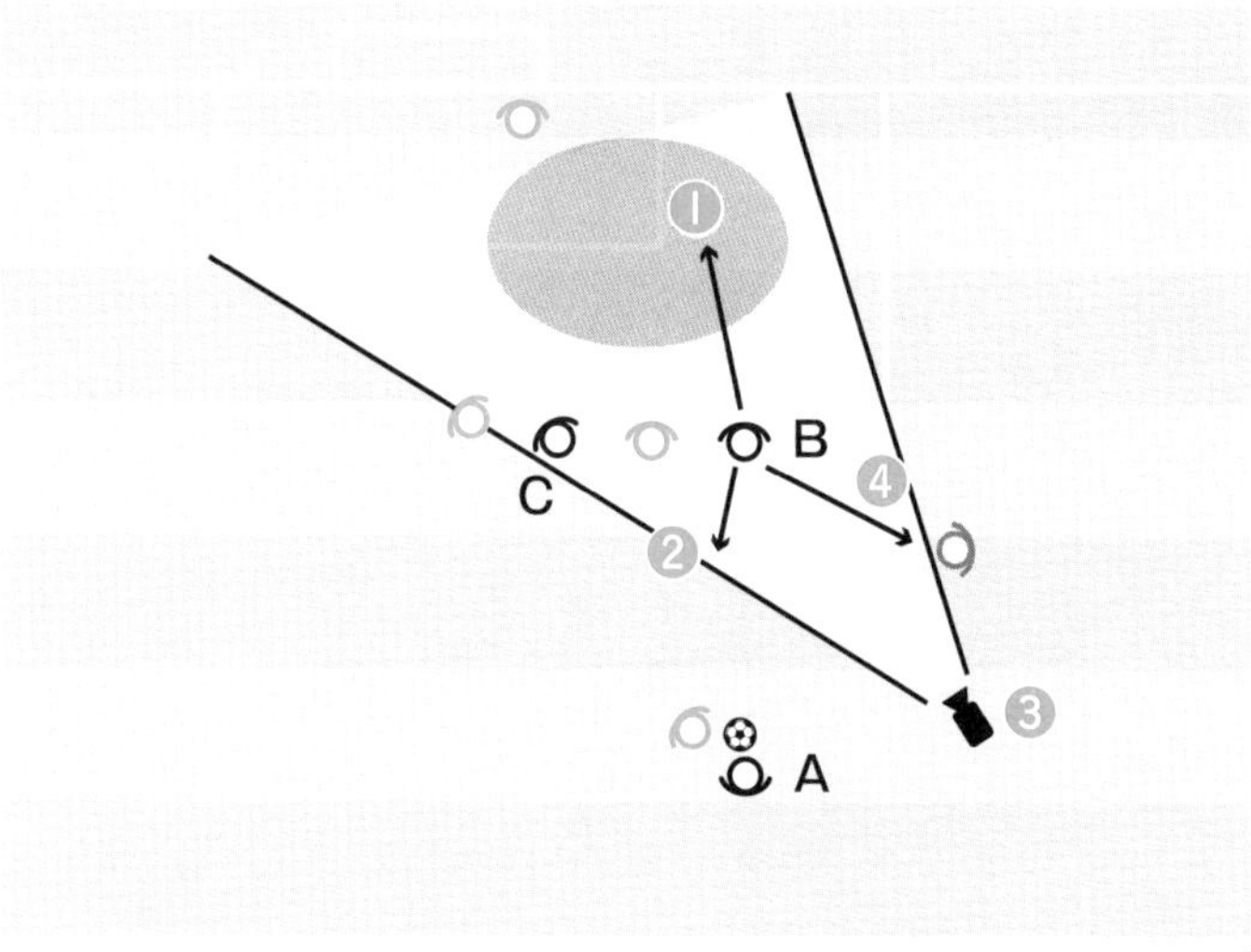

選手Bは、自分以外の視座を設定し、そこから見える景色をイメージすることが大切です。なおかつ、その景色を選手AやCとも共有し、自分がなぜ動いたのかという意味を伝えるとより効果的です。

映像を見て検証する

ピッチ上では、自分の目線以外の視座を設定し、その場所からの景色を覗くことが大切です。とはいえ、自分とは違う場所の視座を実際に見ることはできないため、ある程度は頭の中でイメージすることが必要です。

そこで役立つのは、やはり映像です。**映像を見て考えるべきことは、ピッチ内で感じたことと実際に自分がプレーした時の現象のすり合わせです。**例えば、プレー中は相手からのプレッシャーを強く感じていたが、映像で見るとまだまだ相手との距離があり十分にトラップできた、ということは多々あると思います。逆サイドの味方は動いていないと思っていたが、実際には前方のスペースへ走り出していた、ということもあるでしょう。

こういった感覚と現象のズレはなぜ起きたのか？自分の立ちどころから見た景色では切羽詰まっているような状況に見えたが、他の視座から見ることができていれば余裕があったことがわかる、といったことをすり合わせていくのです。

もちろん、試合ごとに対戦相手は違い、同じ相手だとしても同じシチュエーションは二度とありません。しかしだからこそ、その中に共通項を見出して経験を重ねていくことが重要なのです。

映像を見る時に気をつけたいのは、「何かを見ている時は何かを見ていない時」ということ。例えば、ボールだけを追って試合映像を見ていれば、ピッチの中でボールウォッチャーになっている状態とあまり変わりません。試合を見ている時に、自分は今何を見ていて、見ていないものがなんなのか、意識するといいでしょう。

うおっ めっちゃプレスきた!!
バックパスだ!!
あれ、余裕でボールもてたじゃん… 次は前向いてみよう

味方の選手が何とつながっているかを覗きプレーの流れを作る

自分自身がさまざまな景色を覗くのと同じように、味方選手が覗いている景色を認識することも必要です。下のイラストで見てみましょう。選手Aがボールを持っている時、選手Bのことは認識していますが、選手Cのことは見えていません。そうなると、選手Aから直接パスが出てくる可能性は低くなります。にもかかわらず、選手Aとつながり続ける選手は多くいます。

ではどうするか？ **選手Aの認識は選手Bですから、選手Cは選手Bが自分を認識できるポジションに立ちます。**そうすることでプレーの流れを作ることができ、その流れに自分が乗ることができます。

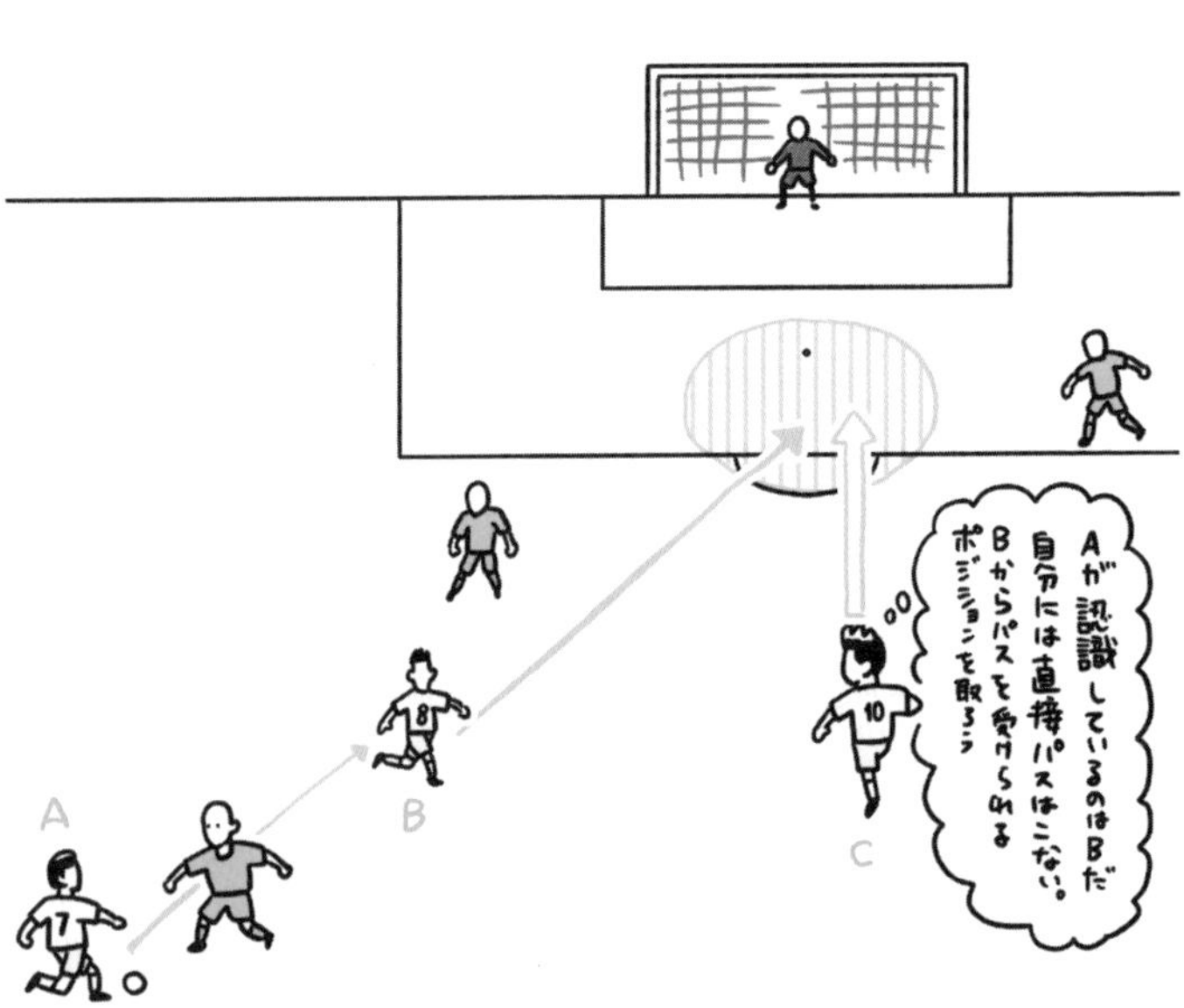
A
B
C
7
8
10
Aが認識しているのはBだ
自分には直接パスはこない。
Bからパスを受けられる
ポジションを取ろう

三角形の頂点を認識してプレーをする

「覗く」ことは、自分が今見ているものとは別の景色を認識することです。自分とボール以外に、味方選手やスペースなどの第三の要素とつながりを持つことができます。ボールホルダー以外とのつながりを持つことができれば、その関係性は自然と三角形になります。この三角形を認識することが、〝やるべきプレー〟をする上で重要になります。

そこで考えたいのが、三角形の中でもっともゴールに近い頂点はどこか？　ということです。サッカーはゴールを奪うスポーツなので、パスを出す時にはもっともゴールに近づける可能性がある選手にパスを出します。その選手が三角形の頂点です。

選手A、B、Cの三角形では、Cがもっともゴールに近い頂点です。AからCに直接パスを出すのが理想で、それができた場合、BはCに対してサポートをします。この頂点を認識することが重要です。

自分が覗いている景色を他の選手と共有する

自分が覗いている景色は、他の選手と共有することで、より大きな効果を得ることができます。例えば、ボールを持っていない味方選手同士の連携です。下のイラストで、ボールを持っていない選手AとBが、お互いに覗いている①のスペースを共有できていれば、選手Cからのパスがどちらに出されても、スペースをスムーズに使うことができます。一般的に「3人目の動き」と呼ばれるものです。**AとC、BとCが独立してつながるのではなく、AとBとCが3人の関係を作るのです。**

サッカーでは当然のことのように思えますが、実際の試合になると、AとC、BとCだけのつながりになってしまうことが多い場面です。

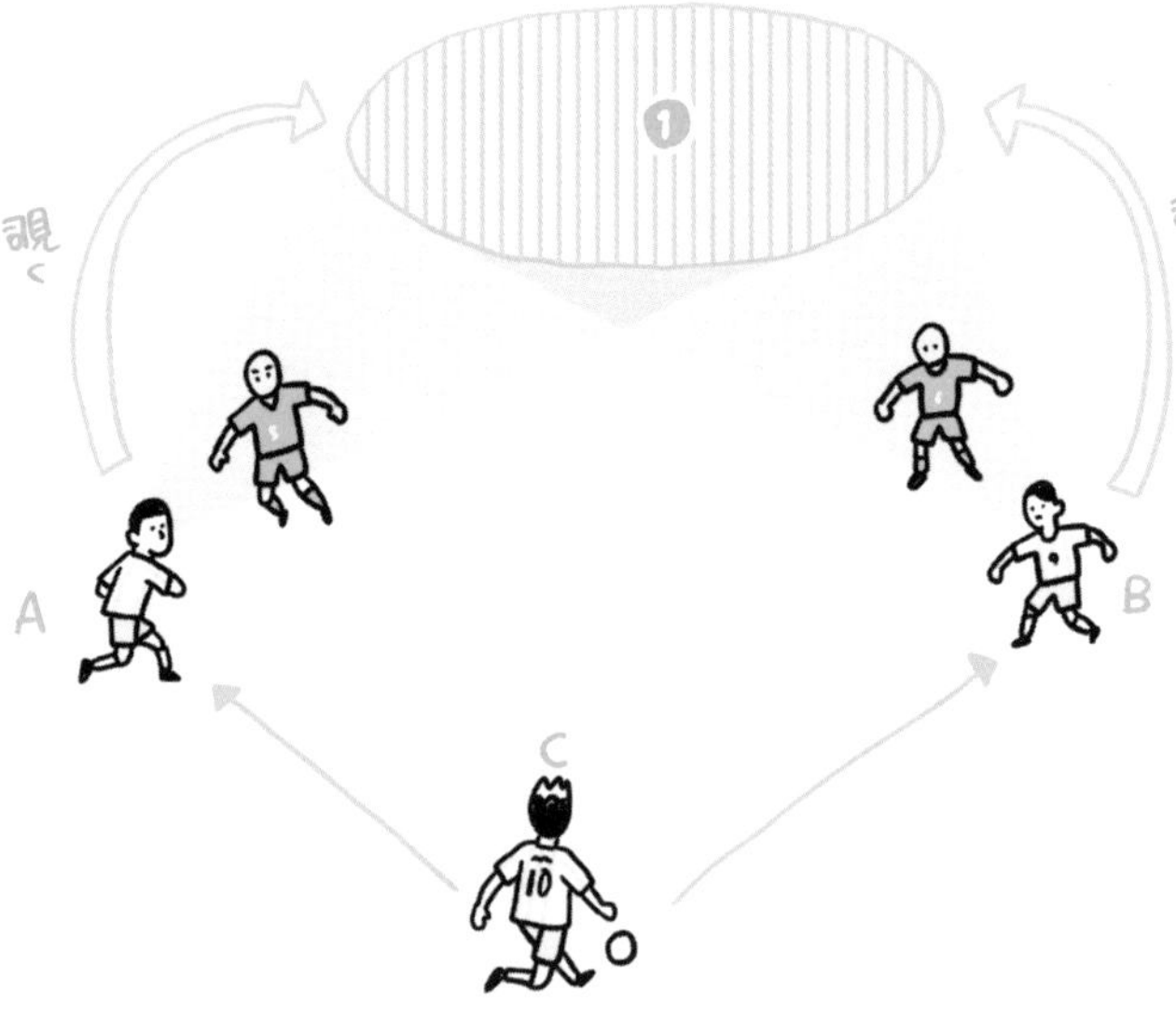

視野には入っていなくとも
ボールホルダー越しに自分を覗く

ここまでは視野に入っている景色の話をしてきました。しかし、視野には入っていなくとも別の景色を覗けている場合もあります。

例えば、前線の選手が相手DFを背にしながらボールを受ける時。DFを視野に入れることはできませんが、ボールホルダー越しに自分を覗くことで、自分の今の立ちどころが右サイドなのか左サイドなのか、ゴールはどちらの方向にあり、DFはどこを守ろうとしているのかを認識して、相手の動きを察知して自分のプレーを決めることができます。ウルグアイ代表FWスアレスなどは、この覗き方が非常に上手い選手です。

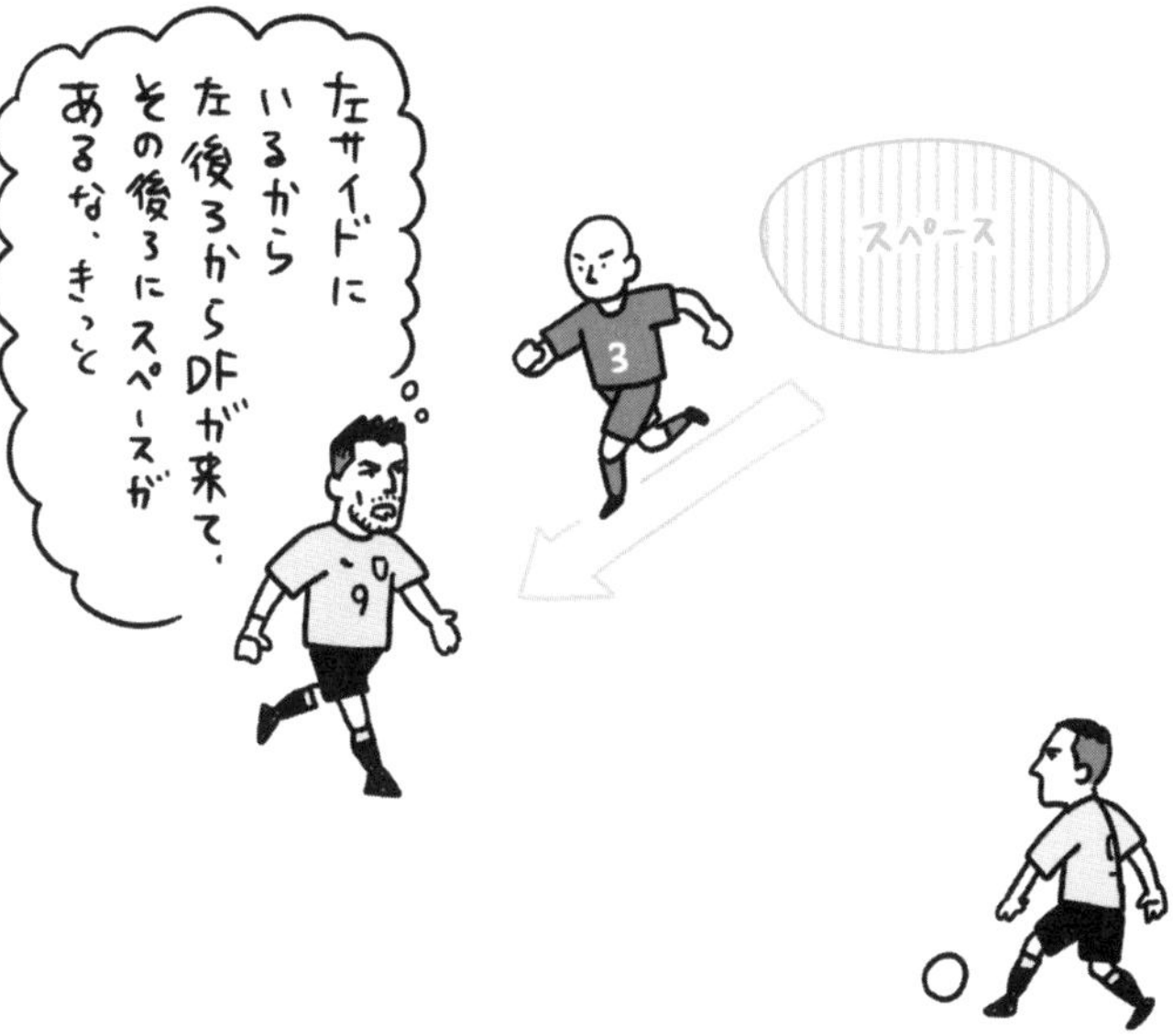

クラブではチームメイトがメッシ以外の景色も覗いている

ここで、P116で例に出した、クラブのメッシとアルゼンチン代表でのメッシとの違いを見てみましょう。

メッシのゴールの多くは、実はワンタッチゴールです。ゴール前でフリーになり、味方のクロスをダイレクトで押し込む、という形です。

ワンタッチゴールができるのはなぜか？　それは、メッシがもっともゴールを決める可能性が高いスペースをチームメイトが覗き、そこをメッシに使わせるためにプレーするからです。また反対に、メッシは自分以外にもっともゴールとつながっている選手を見極めて、その選手の景色越しにパスを供給することができます。

クラブでは、メッシがもっともゴールする確率が高い場所をチームメイトが覗き、そこをメッシに使わせることができていました。

アルゼンチン代表ではメッシのみを見ている場合が多い

一方アルゼンチン代表は、チームメイトたちがメッシのみを見ているように見えます。メッシがチームメイトと共有したいスペースなども覗けないため、メッシがボールを持った時に〝やるべきプレー〟ができません。またチームメイトも、メッシから出されたパスを追いかけることになり、自分が覗いた景色の中からスペースに向かって走り込む、などの意識になりません。そうしてプレーがズレていくため、メッシも〝やるべきプレー〟ができず、勝利につながらない、というように見えます。これは、代表チームは戦術や目線を合わせる時間が少なく、寄せ集めの中でプレーしなければいけないことが大きな要因です。

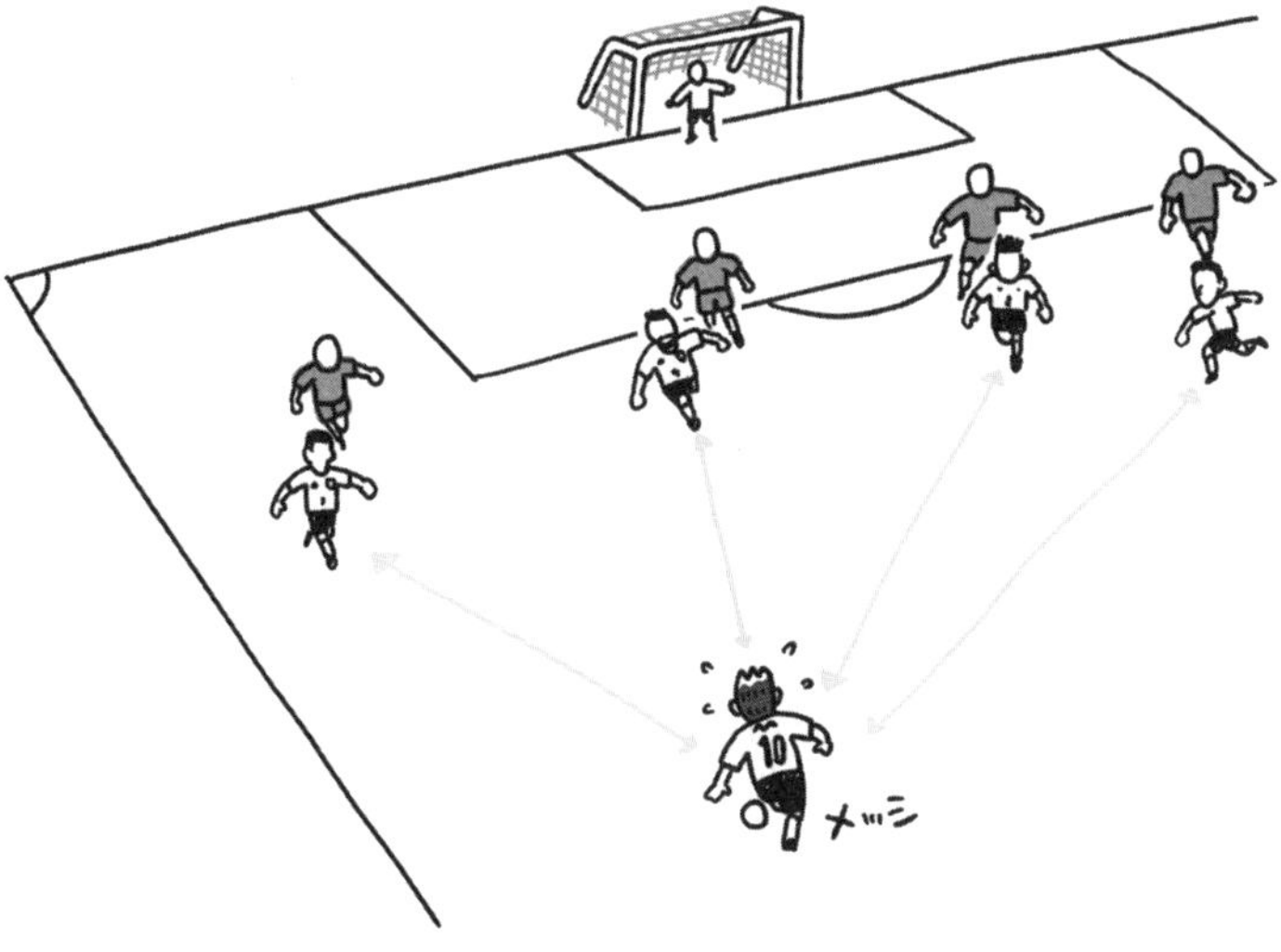

アルゼンチン代表では、チームメイト全員がメッシを見ているような状態で、スペースや味方選手を覗くような意識はありませんでした。その状態を脱却できたからこそ、2021年に初めてタイトルを獲得することができました。

サッカーのミスの多くは技術的なミスではなく認識のミス

ここまで、サッカーにおいて「覗く」ことについて、長めに説明してきました。ところで、そもそもなんのために覗くのでしょうか？

1章で説明したコップの例を思い出してみましょう。コップ越しに覗いた景色によって、窓の外が晴れているなら外に出る、キッチンの火がつけっぱなしなら消しにいくというふうに、コップの向こう側の景色によって行動が変わることを説明しました。

この法則が、サッカーでも同じなのです。サッカーを考える時、**一般的には「ボールをどうするか」が語られがちですが、実際の試合でプレーを決める要素は、ボールの向こう側の景色です。**自分が保持しているボールや、対峙している目の前の相手に認識が集中してしまっては、〝やるべきプレー〟を適切に選択することはできません。ボールをもらうことに集中し、もらった時に周囲の状況がまったく覗けておらず、無防備にプレッシャーを受けてしまったことや、1対1で目の前の相手に集中しすぎて、突破できても次のプレーで奪われてしまったことなど、心当たりのある選手も多いのではないでしょうか。

それらのミスは、**ボール扱いや技術的な問題よりも、ピッチ上のどこにカメラを置いて何を覗き、どんな立ちどころを取るか、という認識の部分のものであった可能性が高いです。**適切な立ちどころを取るためにも、自分の視座以外の場所からピッチ上を覗くことが必要なのです。

コップ越しに窓を覗くと
景色によって行動が変わる

晴れてるし
外出しようかな

ボール越しにピッチを覗いて
その景色で行動を変える

あそこに
スペースが
ありそうだ

守備の場面では「覗いて」相手の景色を塞ぐ

守備では、相手が覗いている景色を読み取り、相手のボールなしペアリングのラインを遮断するプレーが必要です。ドリブルのコース、オフザボールで相手が入ろうとしているスペース、シュートを打とうとしている場所などを覗き、相手よりも先にその景色を塞ぎにいきます。

その景色を覗き、自分が先に入って塞いだ後、相手はさらに別の場所を覗こうとします。DFは再びその景色を覗き、相手はさらにその逆を覗いて……というふうに、レベルが高くなればなるほど、この覗き合いの連続になります。ピッチ上の状況は常に変化し続けるので、たとえ自分が動かなくても、覗くべき景色は変わり続けるのです。

相手が行きたいコースはこっちだな
いつでも対応できるようにしよう

目の前の相手やボールにとらわれない

覗き合いはいわゆる駆け引きと呼ばれるものですが、ここでのポイントは「目の前の相手やボールにとらわれない」ことです。自分がマークしている相手がどこを覗いているかを知るには、今の立ちどころ、敵味方の選手の配置、空いているスペース、ボールの位置、ボールが回ってきた流れなど、さまざまな要素を考える必要があります。

トップレベルの試合を見ていると、ぴったりマークについているわけではないのに、パスカットをしたりクロスをクリアしたりしているDFがいます。スペイン代表DFセルヒオ・ラモスはその典型例で、相手が覗いている景色をいち早く遮断する達人です。

セルヒオ・ラモス
バシッ
なんで2対1なのにカットされるんだ!?

日本サッカーのクロス対応は認識の中心がボールになりやすい

守備の場面で認識の中心がボールになってしまう典型例が、クロス対応です。まず、サイドの選手は相手にクロスを上げさせないことがもっともいい守備とされており、その時点で認識の中心がボールになっています。

中でマークについている選手も、マークを外さないように指導されているので、認識の中心が相手選手になりがちです。その結果、サイドにあるボールと、自分がマークしている選手のプレーが別々の景色になり、結果的にボールウォッチャーになったり、マークを外してしまったりするのです。日本サッカーでは、トップレベルから育成年代まで、幅広く見かける現象です。

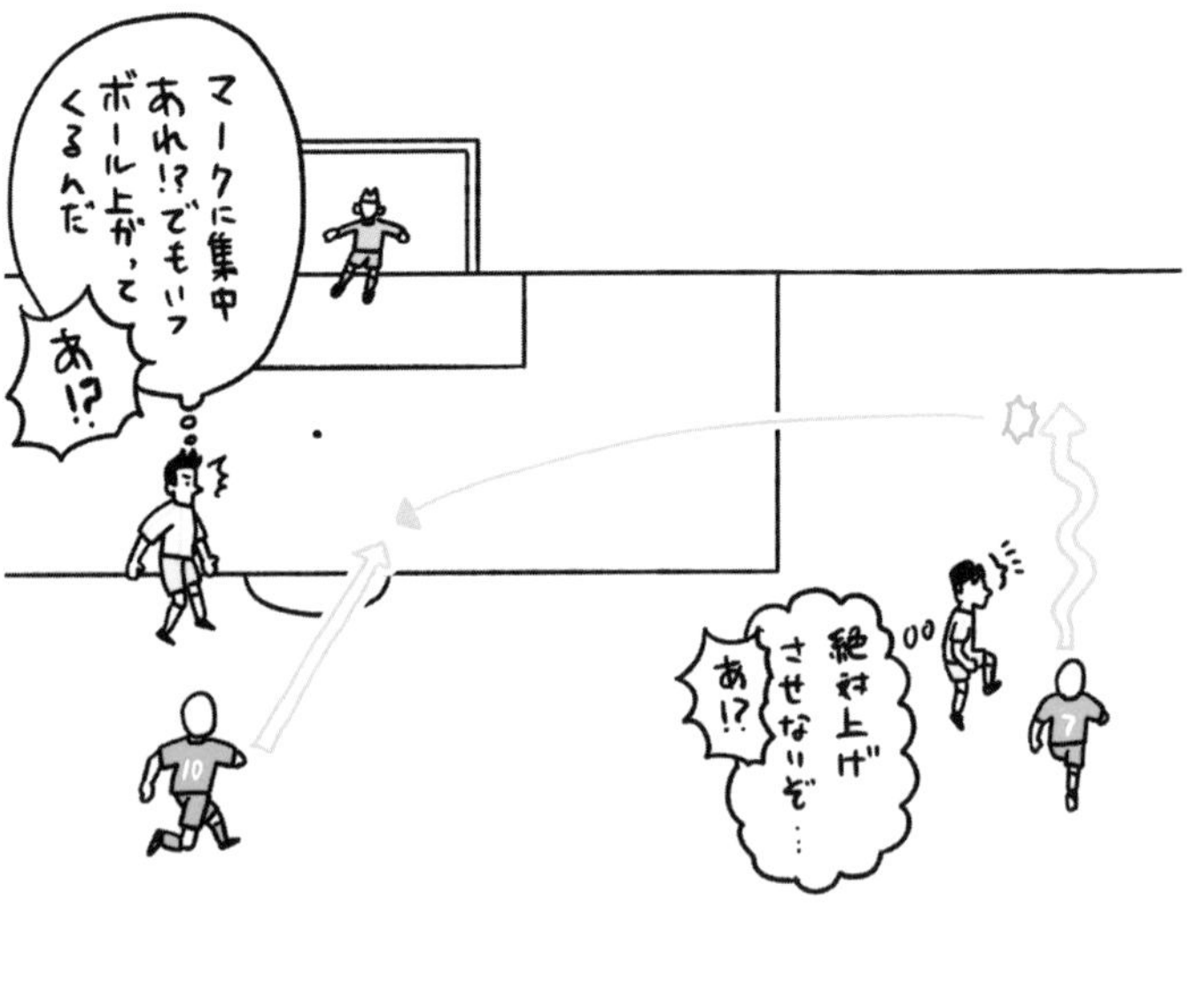

トップレベルのクロス対応は中でクリアできればいい

それに対して、例えばトップレベルのクロス対応はどうでしょうか？　サイドはもちろんクロスを上げさせないのが一番ですが、それが無理な場合は割り切ります。中でしっかりとクリアできれば問題ないのです。そのため、サイドの選手もボールを奪いにいったり完全にカットしにいったりするのではなく、コースを限定して、中央の選手がどこにクロスが飛ぶかをわかりやすくします。

中の選手は、クロスのコースがある程度読めるので、そのコースと相手選手が走るコースの交点越しに覗き、余裕を持ってクリアします。外国人DFが大きくクリアできるのは、クロスの交点越しに前方の景色を覗いているからです。

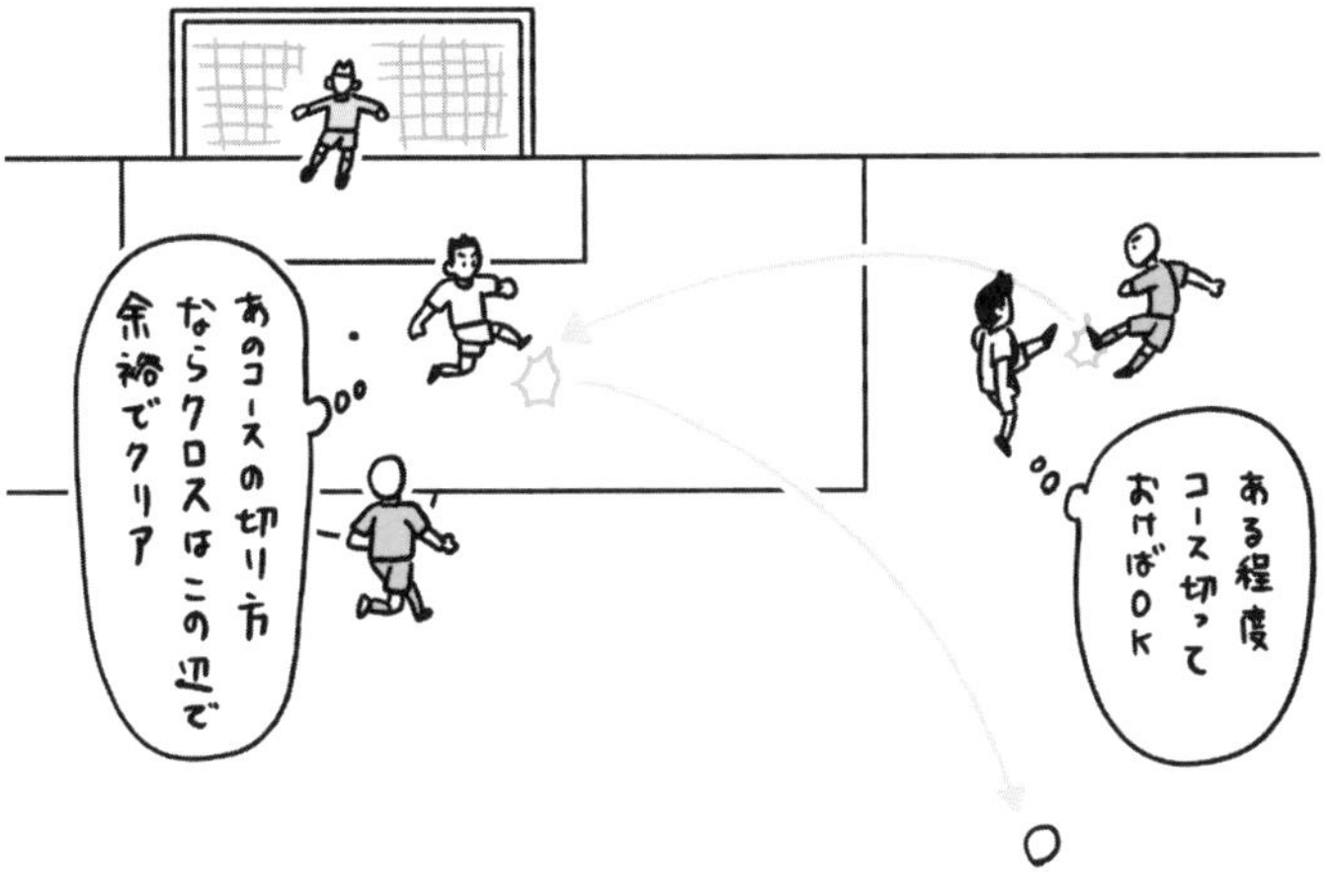

Section 03

三角形の頂点を認識する

P129 で、ピッチ上の三角形とその頂点を認識する、ということを解説しました。サッカーで三角形を作ることは大事だと言われていますが、それがなぜ重要なのか？　どう認識すればいいのか？　ということを、改めて整理してみましょう。

ボールなしペアリングでつながった結果三角形が作られる

サッカーでは、三角形を作ることが重要だ、とよく言われます。ピッチ上で3人の関係を作ることでパスコースを確保することができ、ボール保持率を上げることができる、といった趣旨です。たしかに二人だけの関係だと、ボールホルダーへのアクションのみになってしまい、ボールなしペアリングはできません。しかし、三角形を作ったからといって、ボールホルダー以外の二人がボールへのつながりのみになってしまっては、ボールなしペアリングはできず、三角形を作る意味がありません。ここでも重要なのは、ボールなしペアリングでつながった結果、三角形になった、という時系列です。

三角形の頂点を認識する

まず三角形で重要なのは、各選手がボールなしペアリングでつながることです。各選手がボールホルダー以外とのつながりを作ることで初めて三角形が成り立ちます。

もうひとつ重要なのは、ボールホルダーが誰を認識しているか、です。サッカーはゴールを決めることが目的なので、まず最初に認識しなければいけないのは、もっともゴールに近い選手へボールを届けるルートです。ＣＢなら中盤や前線へのパスのルートです。ボールホルダーが認識している前への認識を、私は「三角形の頂点」と呼んでいます。この頂点の認識を持つことが非常に重要です。

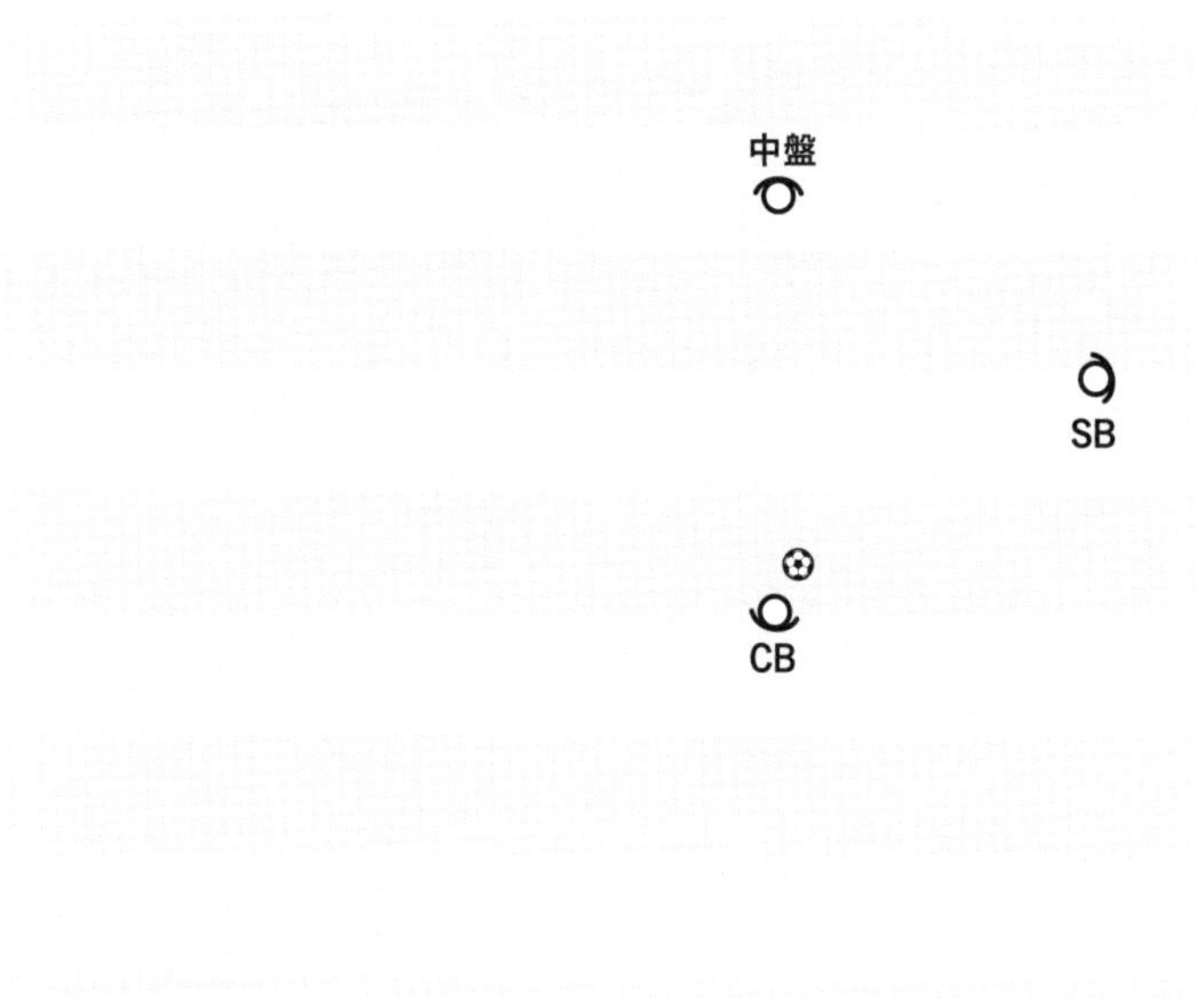

上の図の場面で言えば、CB、SB、中盤の 3 人が三角形を作っています。SB が CB の認識を覗くことで、頂点の中盤の選手に対してアクションを決めることができます。

頂点の選手を基準にプレーを変える

例えば、ＤＦのビルドアップの時です。ゴールに近づくことが一番の目的なので、ＦＷや中盤の選手に縦パスを出すのがもっともいい選択でしょう。これらの選手が「頂点」です。この頂点を、ＳＢの選手が認識できるかどうかが重要です。

そして頂点の周辺の選手は、相手の立ち位置やパスの出し先でプレーを判断します。縦パスが入るなら❶、頂点の選手に対してサポート❷。相手が縦パスを塞いでプレスをかけるなら❸、自分が経由して頂点の選手へボールを届けます❹。

頂点というひとつの基準ができることで、周辺の選手がプレーを決めることができます。こういったビルドアップが非常に上手いのがスペイン代表です。

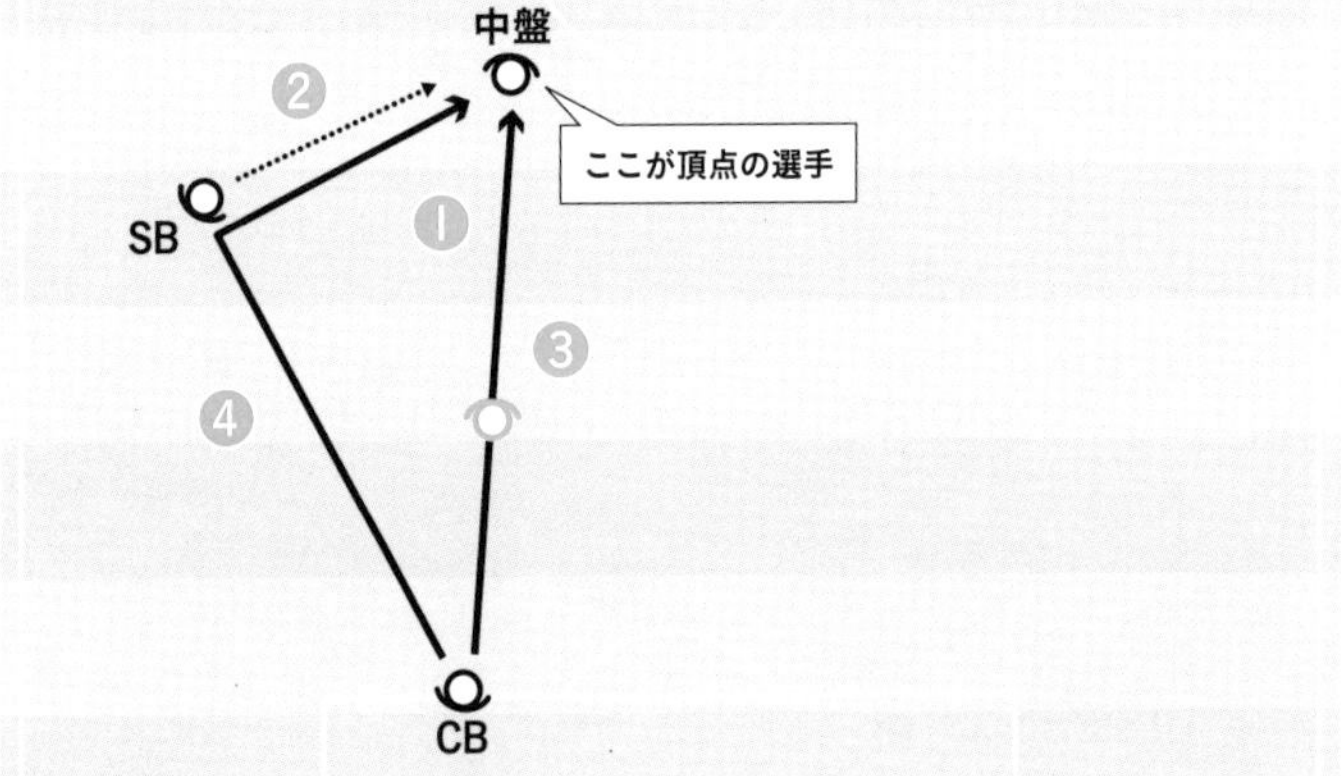

ゴールに直結するポジションで頂点を認識する

頂点を認識することは、より高い位置でのプレーではさらに重要です。下の場面では、高い位置でボールを持って、ひとつ縦パスが通ればシュートに持ち込める場面です。もっともゴールに近い選手が三角形の頂点で、この選手はゴールへのボールなしペアリングを常に作っている必要があります。ここへ直接縦パスが入る場合①、そのままシュートへ持ち込む②、ドリブルで抜け出す③、などのプレーができます。それが無理な場合、周辺の選手がサポートに入って次のプレーを展開したり④、頂点の選手を囮にしてスルーパスを受けたりする、といった判断をすることができます。

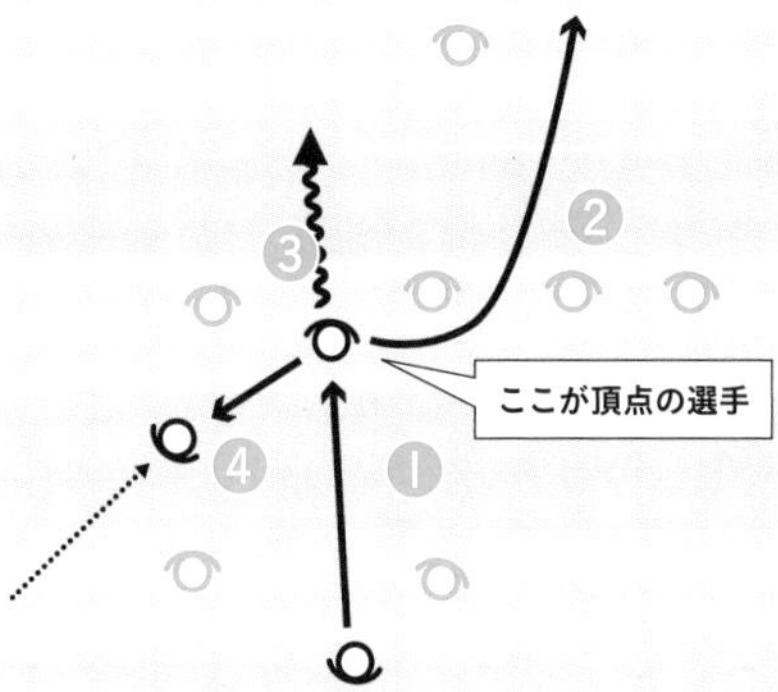

Section 04

ボールの置きどころより自分の立ちどころ

“やるべきプレー”のためには、ピッチ上のさまざまな景色を覗く必要があります。覗くべき景色は、ボールを置く位置よりも、自分が立つ位置によって見定める必要があります。

ボールや体の扱い方はピッチ上の景色を覗いた後

ここまでの内容で、「ボールをどのように扱うか」という話をまったくしていないことに気づいた読者はいるでしょうか。また「体をどのように扱うか」という話もしていません。

なぜならそれらの要素は、ボール越しの景色によって、初めて決まるからです。目の前にDFがいるのに真正面にパスを出すことはできませんし、ゴールまで60mの距離があるのにシュートを打つことも現実的ではありません。

そしてボール越しの景色によって、自分の立ちどころが決まります。覗く先の景色が自陣ペナルティエリアの中なのか、センターサークル付近なのか、相手陣内の奥深くなのか、中央なのかどちらかのサイドなのか。それによって、ボールの右側に立つのか、左側に立つのか、対峙している相手よりゴールに近いのか遠いのか、右側なのか左側なのか。これらの要素を踏まえずに、ボールをどのように扱うか、体をどのように動かすか、という話をしても、適切な技術の発揮の仕方にはつながらないのです。

ボールの扱い方はよく「置きどころ」と表現します。トラップでどこにボールを置くか、シュートのために足元のどこに置くか、といった文脈です。しかし、**置きどころよりも先に考えなければいけないのは、自分の「立ちどころ」です。**これを「置きどころより立ちどころ」と呼んでいます。そして置きどころも立ちどころも、「ピッチのどの方向に向かうか？」という方向性が大切なのです。

ボールのどちら側に立つのか？

相手との関係性でどこに立つのか？

ボールの軌道と目的地が接続する場所に立つ

例えば、浮き球で難しいパスが自分に飛んできているると仮定します。この時、「浮いているボールをどのようにコントロールするか」という意識でトラップに入る選手が多いのではないでしょうか。その結果、飛んでくるボールに対して足を伸ばすような形になり、うまくコントロールができない、という場面を多く見かけます。

一方、世界トップレベルの選手たちを見ていると、ボールの軌道を認識し、その軌道と、ゴールやスペースなどの次の目的地へのラインが重なる交点に立つことでトラップの体勢を作っているように見えます。認識の中心はボールではなく目的地なので、トラップの瞬間は「ボールと一緒に目

的地へ移動する」という意識になります。体の動きは、足でトラップするというよりも、ボールとともに目的地へ移動しようとした結果、自然に止まる、というイメージです。

また、自分に向かっているボールを、今の立ちどころでまず止めてからプレーするのか、ボールの軌道上でプレーを始めるのか、という意識の違いもあります。**パスが自分に出された時はプレッシャーがかかるため、最初に見ていた景色とは状況が変わります。**そのため、別の景色を覗くためにボールの軌道上で移動する必要があります。

ボール越しの景色を覗けていない場合、その場でまずトラップしてから状況を打開しようとしてしまいます。その結果、最初に立ちどころを決めた時とは違う状況に対応できず、リターンパスを出すか、最悪ボールを奪われてしまいます。

ボールの軌道上で自分の立ちどころを変える

こうした現象がよく見られるシーンのひとつが、DFラインからのビルドアップの場面です。下の図を見てみましょう。SBがCBからボールをもらうためにポジションを取ります❶。この時点で、SBは前方の景色を見ています❷。CBはパスを出します❸。このパスがSBに向かって転がっている間に相手選手がプレッシャーに来るので❹、SBから見た景色は変わっています。にもかかわらず、最初の立ちどころから見えた景色のままプレーしてしまい、相手のプレスをかわせずにボールを失うという場面が多く見られます。

〝いい選手〟は、こうしたシーンでも、ボールの軌道上で視座を変えて、覗くべき景色を変えてプレーすることができるのです。

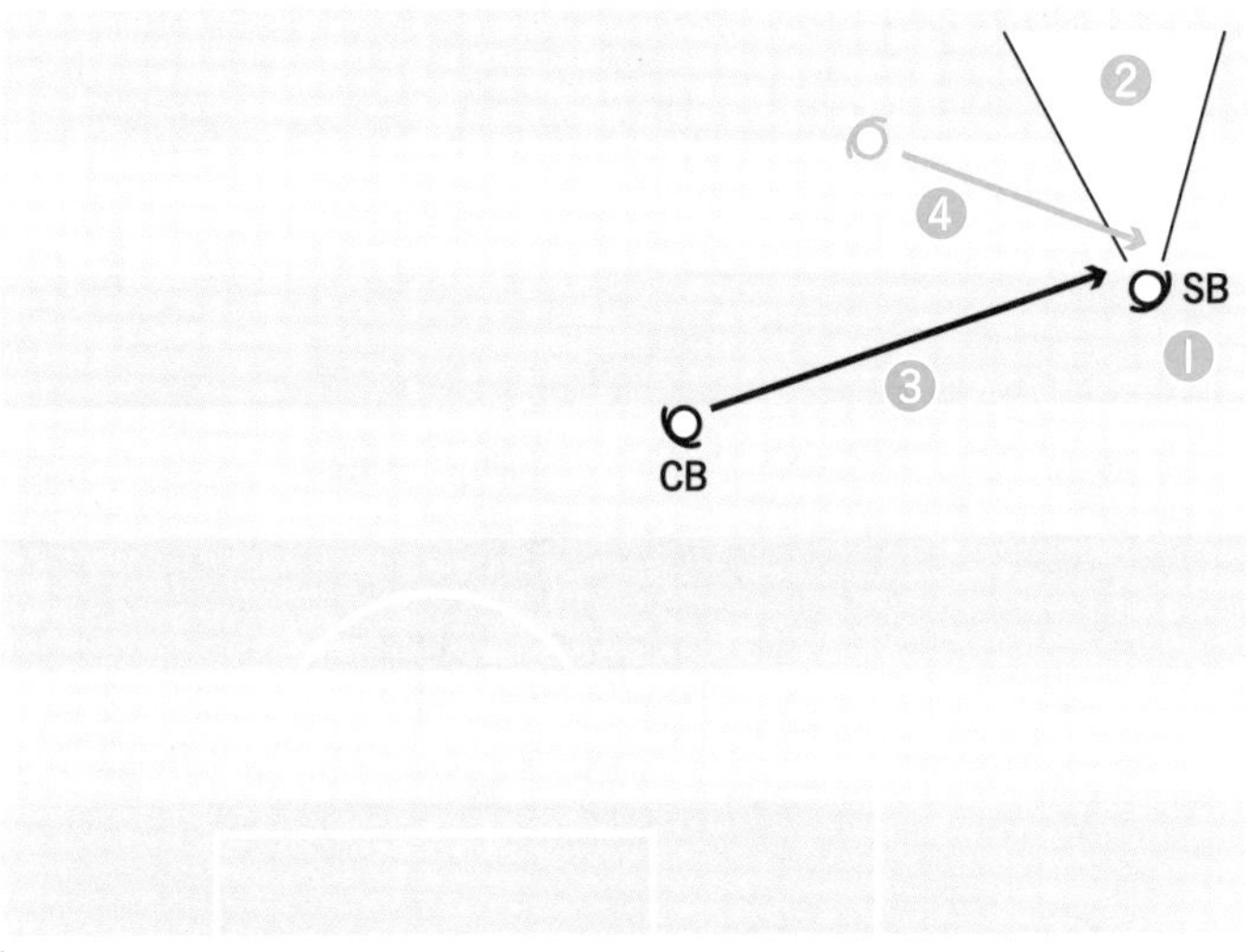

SBの選手は、自分の足元にパスが届くまでに、どのように状況が変わっているかを考える必要があります。これが3章で解説した「流れを捉える」ということです。

ボールなしペアリングを作っていないと次の景色を覗けない

この時、うまく覗けていないと、SBの選手の認識と実際の動きはどうなるでしょうか？　まず認識は、CBとのボールありペアリングしかありません。相手のプレッシャーは感じていますが、ボールなしペアリングが作れていないため、どの方向へプレーするか、プレッシャーをどのようにかわすかは考えられていません。そのため、相手から逃げるようになんとなくオープンにボールを置いてしまい、相手からさらに強いプレッシャーを受けます。SBは追い込まれて苦し紛れのキックになるか、最悪の場合は奪われてしまうでしょう。2章P68で示したような例です。こういったシーンは、国内に限らず、多くの試合で見られる現象です。

ボールの軌道と次のプレーへの交点に立つ

「置きどころより立ちどころ」を実践するには、ボールの軌道を認識し、同時に前方の景色を覗くことが必要です。

例えば横パスを受ける場面。ボールホルダーから自分に向かってパスを出せる位置にポジションを取ることは、多くの選手が教えられていますし、実際にできています。**しかし、ここでもうひとつ大事なのは、次のプレーにつながる景色を覗ける場所か、ということです。**

下の図で見てみましょう。ボールホルダーとの関係性でポジションを取ることは①、多くの選手ができています。しかしここで次の景色を覗きながら立ちどころを決められる選手は、実はあまり多くありません。そのため、ボールを受けてから

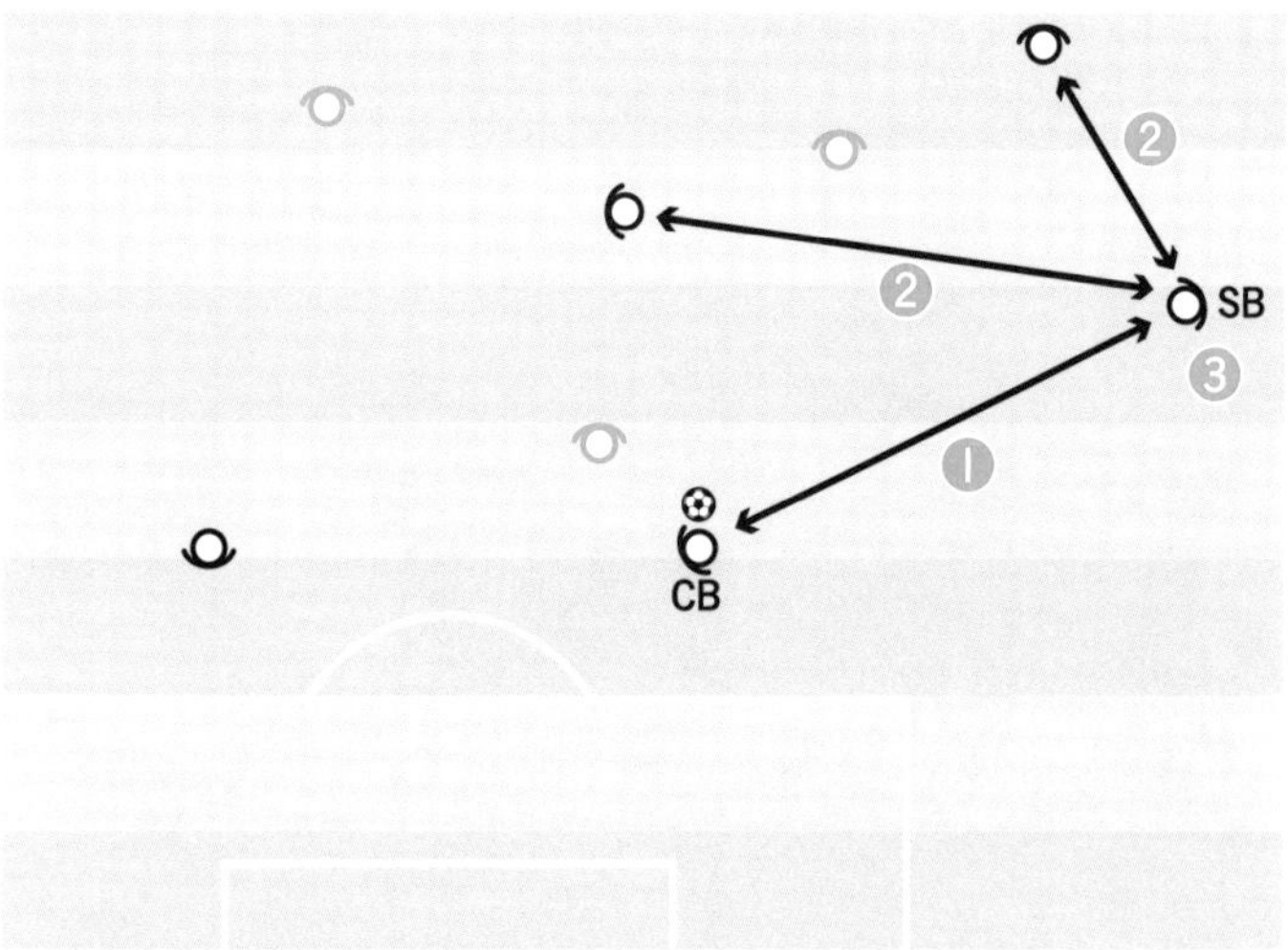

例えばSBの選手がビルドアップでボールを受けるなら、ボールを持っているCBとのつながり①と、次の景色へのつながり②の両方を認識し、その交点③に立つことが重要です。

れるのです。

プレーを考えることになり、スピード感が損なわれるのです。

必要な考え方は、次のプレーとの交点に立つことです。パスの軌道❶と、次にパスやドリブルをしようとするポイントへの線❷があると考え、その交点❸に立つようにします。ただしもちろん、パスが転がっている間に相手のプレッシャーがくるので❹、その場合は相手を避けられるように立ちどころを変えたり❺、あるいは視座を切り替えて別の景色を認識できるようにします❻。ボールなしペアリングでつながる先は、優先順位をもっともゴールに近い選手に置きつつも、複数つながっているのが理想です。

このように、自分の立ちどころを決める際には、ボールとの直接の関係性の他に、次のプレーに移るための景色を覗ける場所かどうかを考えます。

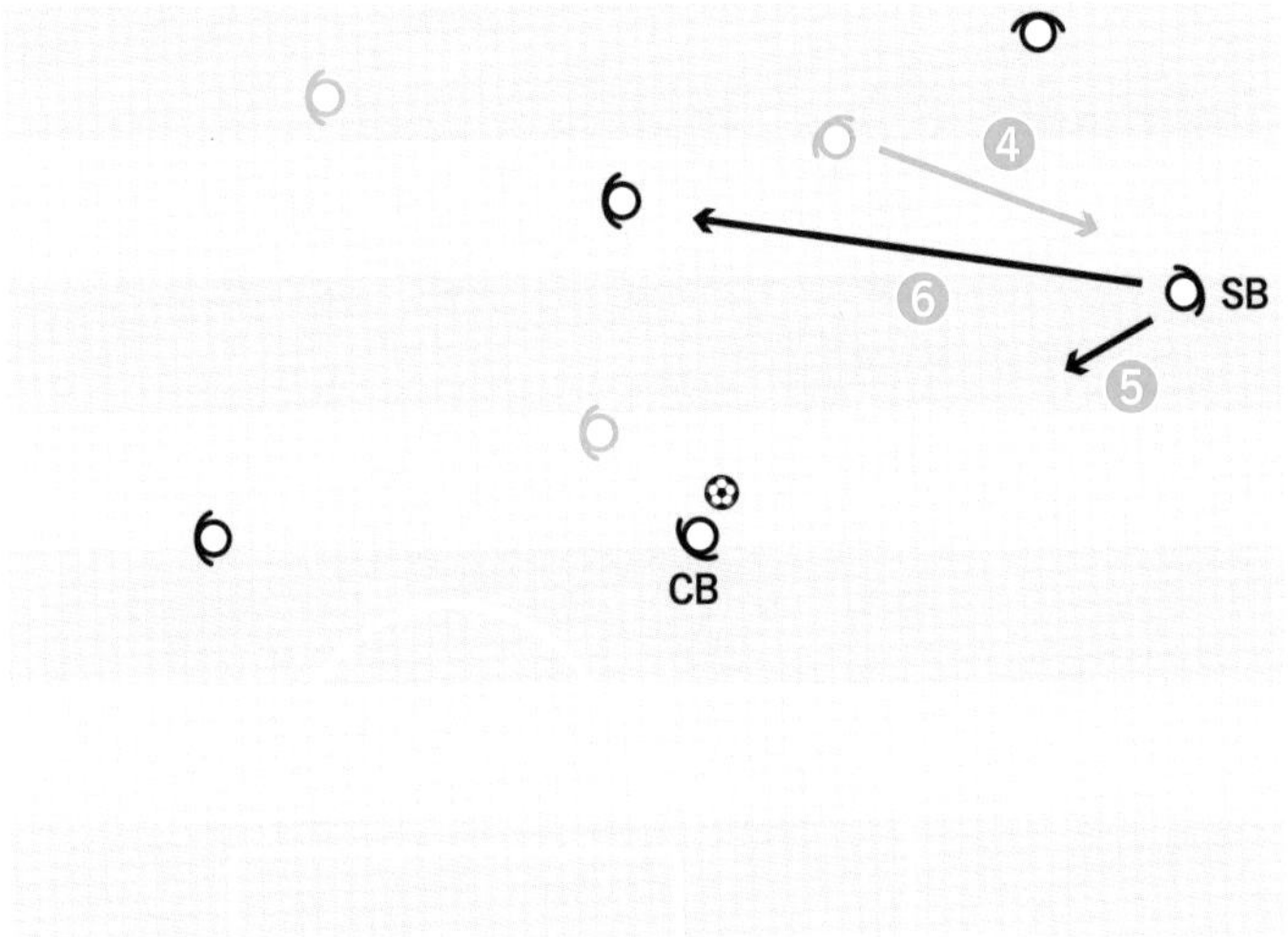

相手がプレッシャーをかけてくれば❹状況が変わるので、自分の立ちどころを変えたり❺、別のつながり❻を作ったりします。

ボールを認識するか
ゴールを認識するか

もうひとつ顕著なシーンは、自分より後ろからボールを受ける時です。例えば、ゴール前に走り込んでスルーパスを受ける時。まずトラップする選手と、ボールを流してダイレクトでシュートできる選手の違いです。前者はボールに認識が集中し、まずトラップしてからゴールを見るので、シュートまで時間がかかります。後者はボールの軌道を認識し、ゴールへの景色を覗くことで、ダイレクトでシュートできる位置に立ち、そのままシュートに持ち込みます。

この認識が適切にできる選手が、ロベルト・フィルミーノ、カバーニ、C・ロナウドなどの名手たちです。

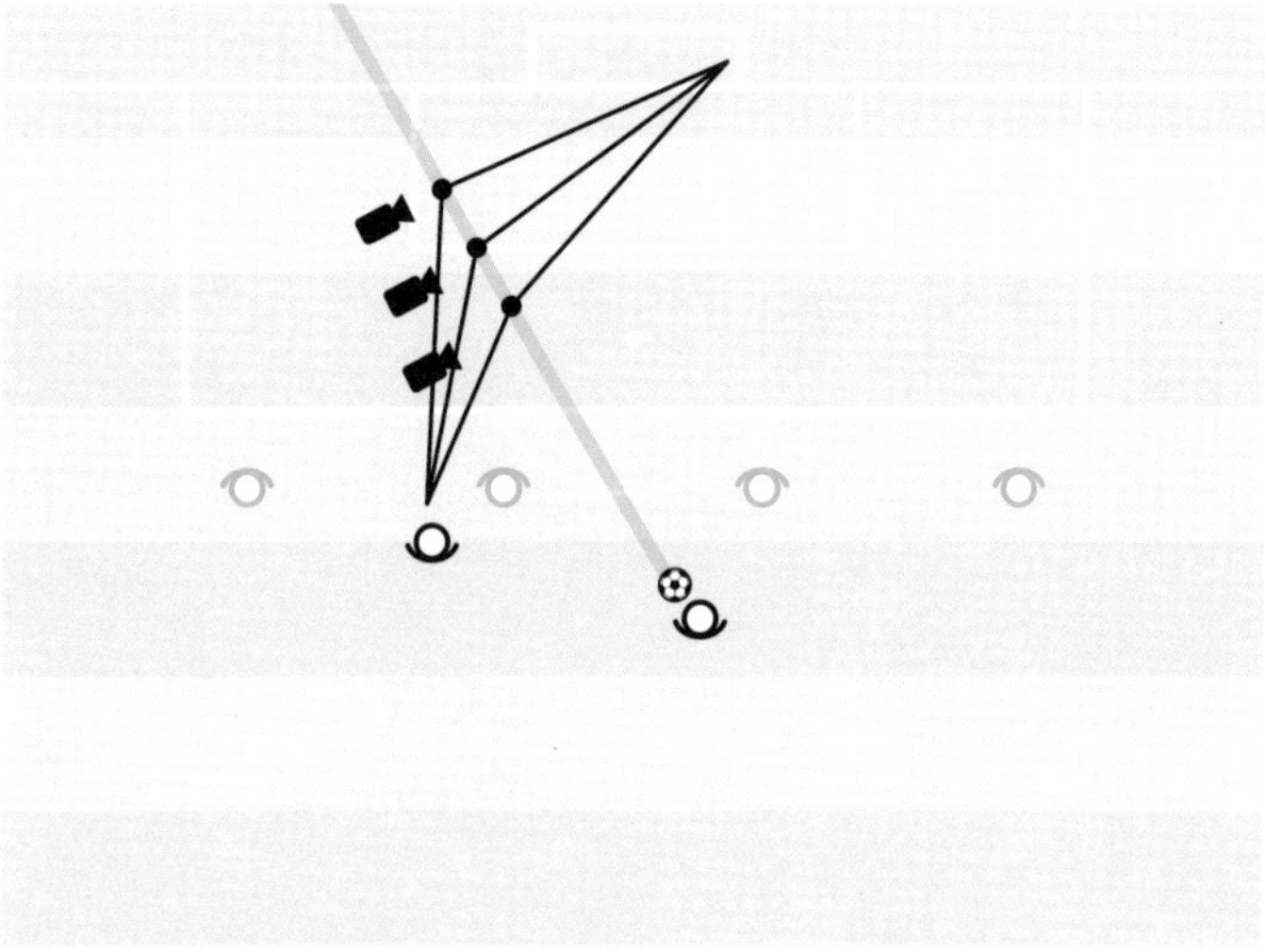

スルーパスの軌道を認識し、パスの軌道越しにゴールを覗くことで、ゴールにつながる点を選んでダイレクトでシュートを打つことができます。

視線はボールを見ているが視座はゴールを向いている

この時の視座と景色はどうなっているでしょうか？　まず、後ろから出されたスルーパスのボールはよく見つつ、パスの軌道を認識していきます。その軌道上でゴールとつながれるポイントを認識し、そこに向かって走っていきます。ボールと自分がそのポイントに到達した時には、シュートコースがすでに覗けているため、落ち着いてシュートを打てる、という流れです。

パスの軌道やゴールを覗けていないとどうなるか？　パスが出た時点ではゴール側の景色が覗けていないため、一度足元でトラップします。それから顔を上げてシュートコースを確認してからシュート、という流れになりますが、トップレベルでは相手DFにブロックされてしまいます。

「交点」は状況次第で変わる

　ボールの軌道と次のプレーへの交点は、状況によって変わります。例えば、芝が長くボールが転がりにくいピッチでは、よりボールに近い立ちどころを取る必要があるかもしれません。あるいは、相手チームが自分たちよりも格上の時、自分たちの調子がいい時、試合の流れがこちら側にある時、非常に暑い時など、無数に変わる状況の中で適切な交点を探す必要があります。

　下のふたつの図を見てみましょう。自陣深い位置でビルドアップを始めようとしている場面です。右SBの選手は、まず前線や中盤の選手とのつながり❶を作り、その上で、CBからパスを受けられるポジションを取ります❷。

　P155の図では、CBからSBへのパスが出され

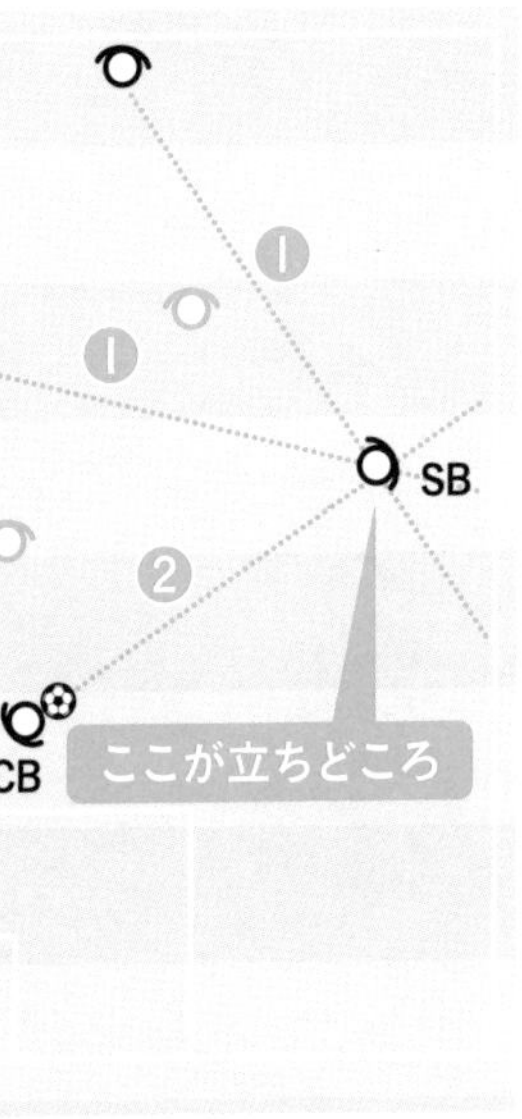

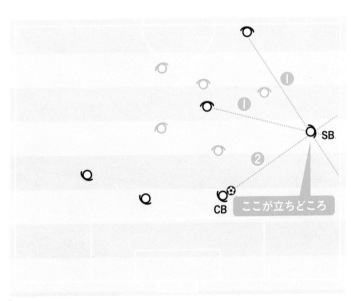

前線や中盤の選手とのつながり❶と、ボールホルダーとのつながり❷の交点に立つことが「ポジショニング」です。

た段階で、相手選手が前線の選手へのコースを切ってきました③。そのため、**SBはパスの軌道上でバックステップを踏み、前線の選手へのコースを確保します**④。

これが、相手選手がより低い位置なら、SBはより高いポジションに交点を作ることができます。あるいは、CBへのプレッシャーが強ければ、自分が直接受けるのではなく前線の選手にパスを出させてからバックパスをもらう方がいいかもしれません。自分の前方にスペースが広がっているなら、スペースとCBとの交点に立ちます。

このように、状況によってボールの軌道と次のプレーへの交点を見て、立ちどころを変えていくことが必要なのです。また、先に前線が中盤の選手とのつながりを作ってからボールへのサポートをする、という順番も非常に大切です。

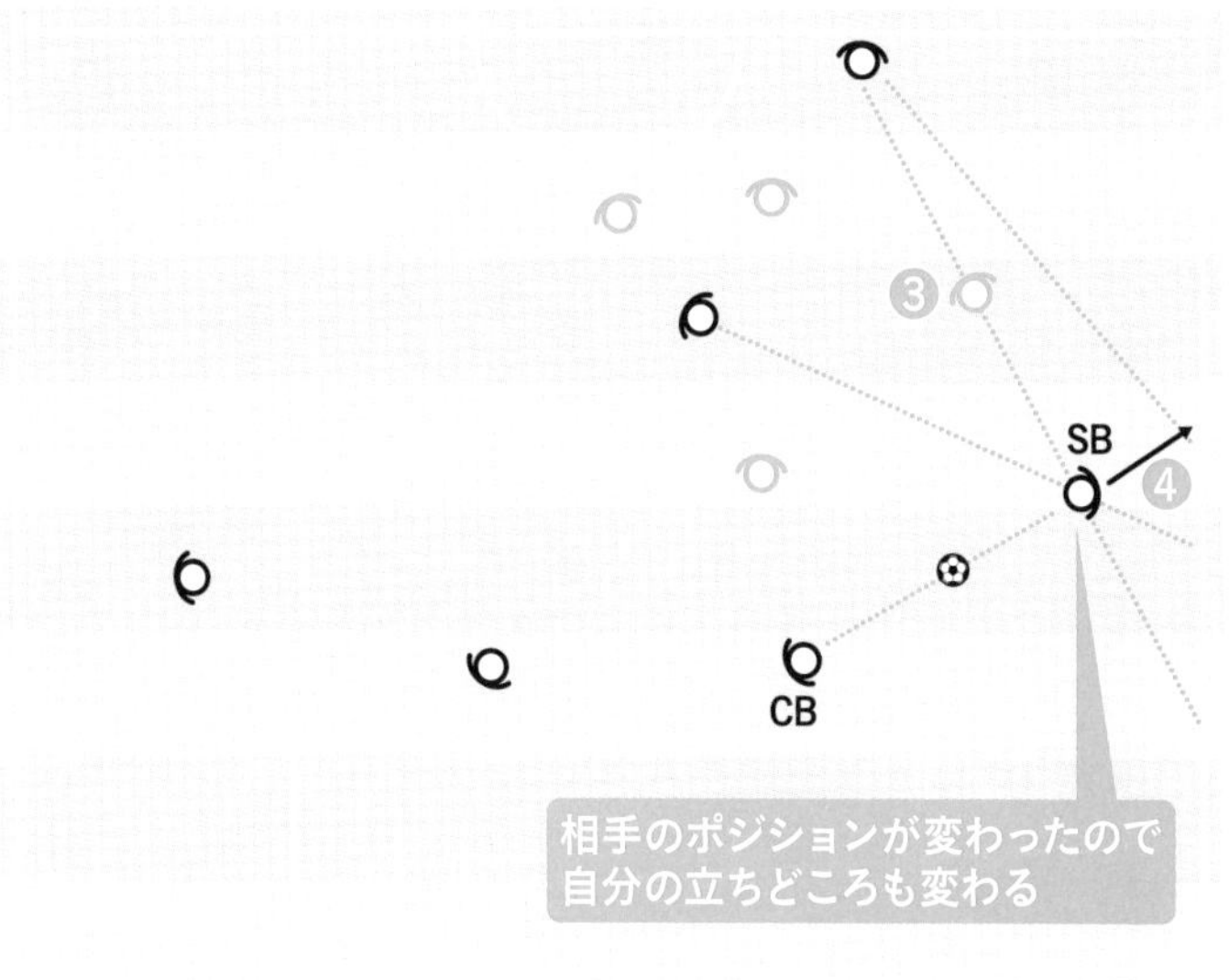
③
SB
④
CB
相手のポジションが変わったので
自分の立ちどころも変わる

相手のポジションが変われば、次の景色へつながるラインも変わるので、自分のポジショニングも変わります。この時は相手が前線の選手へのコースを塞いできたので、バックステップで前線へのコースを確保しました。

Section 05

目的地の認識を持つ

ピッチ上の景色を覗いた時、覗いた景色の中で何を認識するのかを意識する必要があります。視野に入っていても認識できていない、という場合もあるからです。覗いた景色の中からなんらかのものを認識することを「目的地の認識」と呼んでいます。

次のプレーで向かうべき場所や人を「目的地」と呼ぶ

視座によって覗く景色を変え、覗いた景色の中から次にパスをする味方選手やドリブルを仕掛けるスペースを認識します。このように、次のプレーで向かうべき場所や人を「目的地」と呼び、それらを認識することを「目的地の認識」と呼んでいます。

大前提として、一番大きい目的地はゴールです。極端に言えば、ゴールキーパーがシュートを打って決めるのが理想です。しかし現実的ではないため、DFを避けながらゴールに向かう必要があります。**ピッチ上にはゴールに向かうための経由地があり、その経由地を都度「目的地」として認識して、ゴールまで向かいます。**

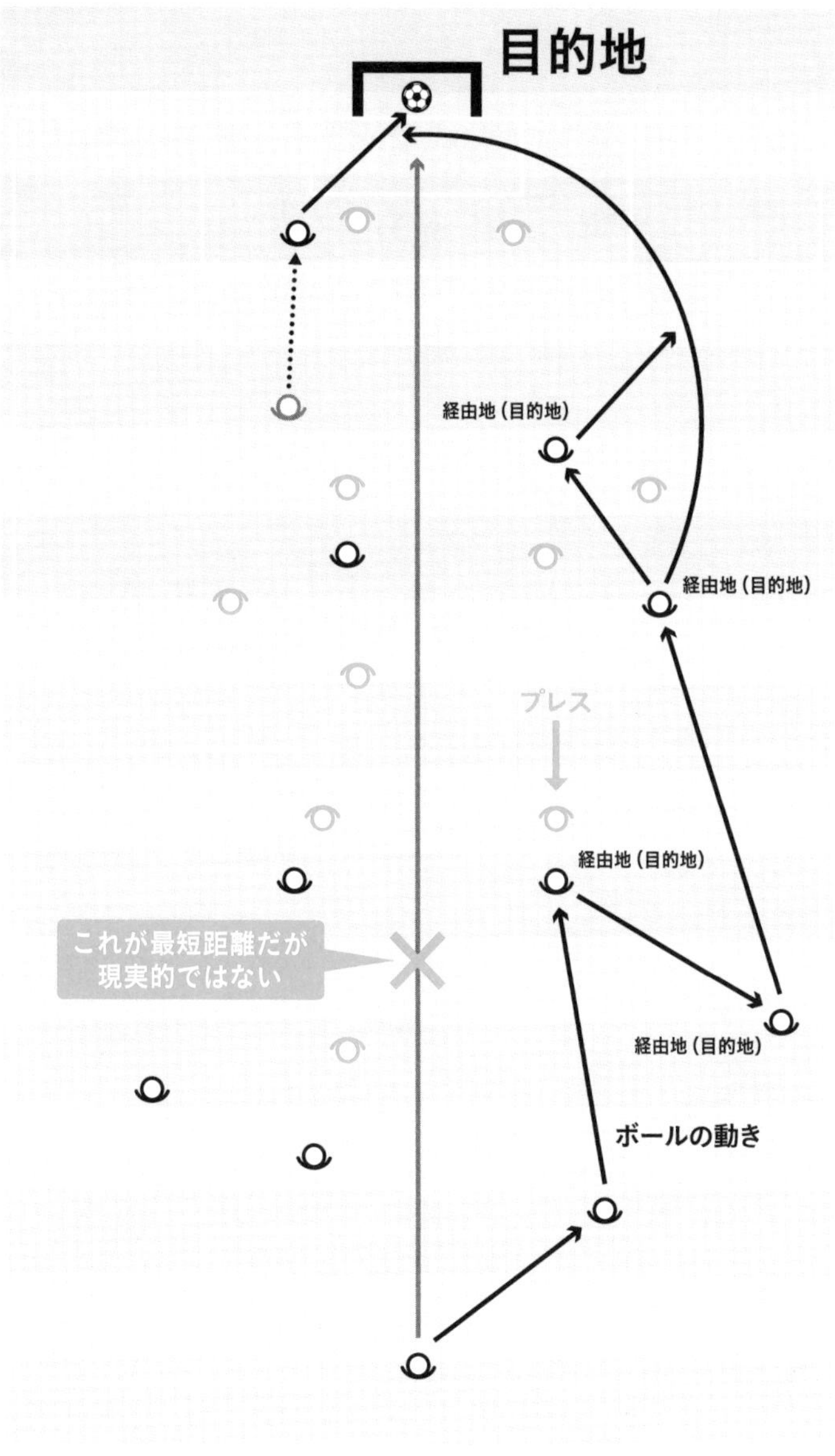
目的地
経由地（目的地）
経由地（目的地）
プレス
経由地（目的地）
これが最短距離だが
現実的ではない
経由地（目的地）
ボールの動き

目的地と目的地の認識を一致させる

目的地の認識で難しいのは、目的地と目的地の認識がズレることが多々あることです。例えば、スルーパスを受けるために前方へ走る場面。走る方向は前方ですが、ボールは後ろ側にあるので、ここでボールに認識が集中してしまうと、目的地と目的地の認識がズレる、ということになります。

そこで必要なのは、視座をどこに設定するのか、という意識です。ボールから完全に目を離すわけにはいかないので、視線はボールに向かいます。ですが、目的地はボールを受けるスペースやその先のゴールなので、視座は自分の背後からスペース越しに覗くような場所に設定します。そうすることで、ボールに視線は向けつつ、ボールを受けた後のプレーもイメージしながら走ることができます。

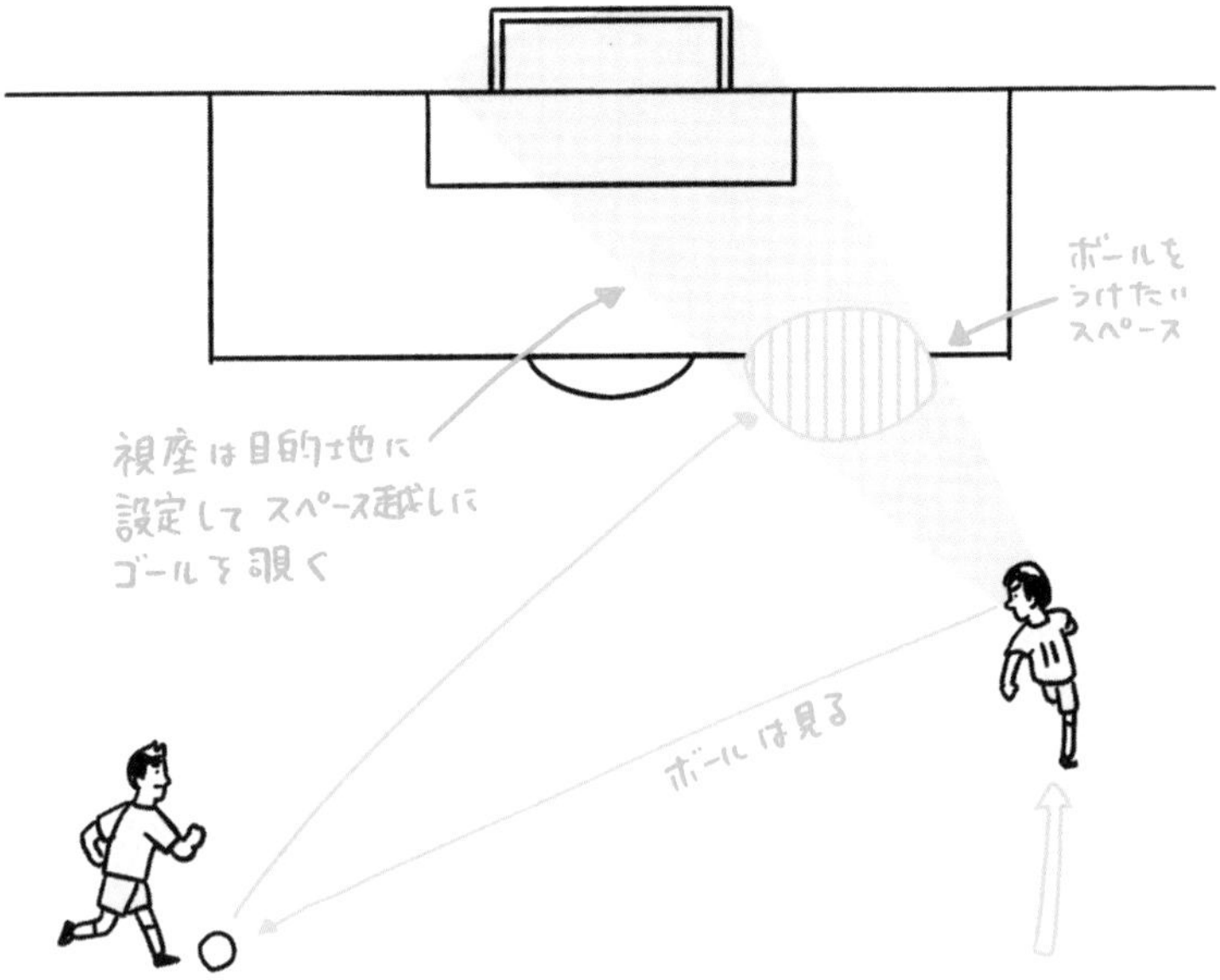
ボールをうけたいスペース
視座は目的地に設定してスペース越しにゴールを覗く
ボールは見る

試合中は目的地の認識を更新し続ける

目的地の認識は、試合の中で常に更新し続ける必要があります。選手の配置やボールの位置が変われば、覗く景色が変わり、ゴールに向かうための目的地も変わるからです。

前述したスルーパスの例も同様です。走っている段階ではスルーパスを受ける地点が目的地になりますが、パスが出された時点で、ボールと出会う場所越しの景色を覗き、次の目的地を認識する必要があります。

自分や他の選手が何とつながっていて、その中のどこに目的地を設定し、それに対して塞ぐのか、助けるのか、という繰り返しを行うことで、サッカーはプレーしやすくなります。

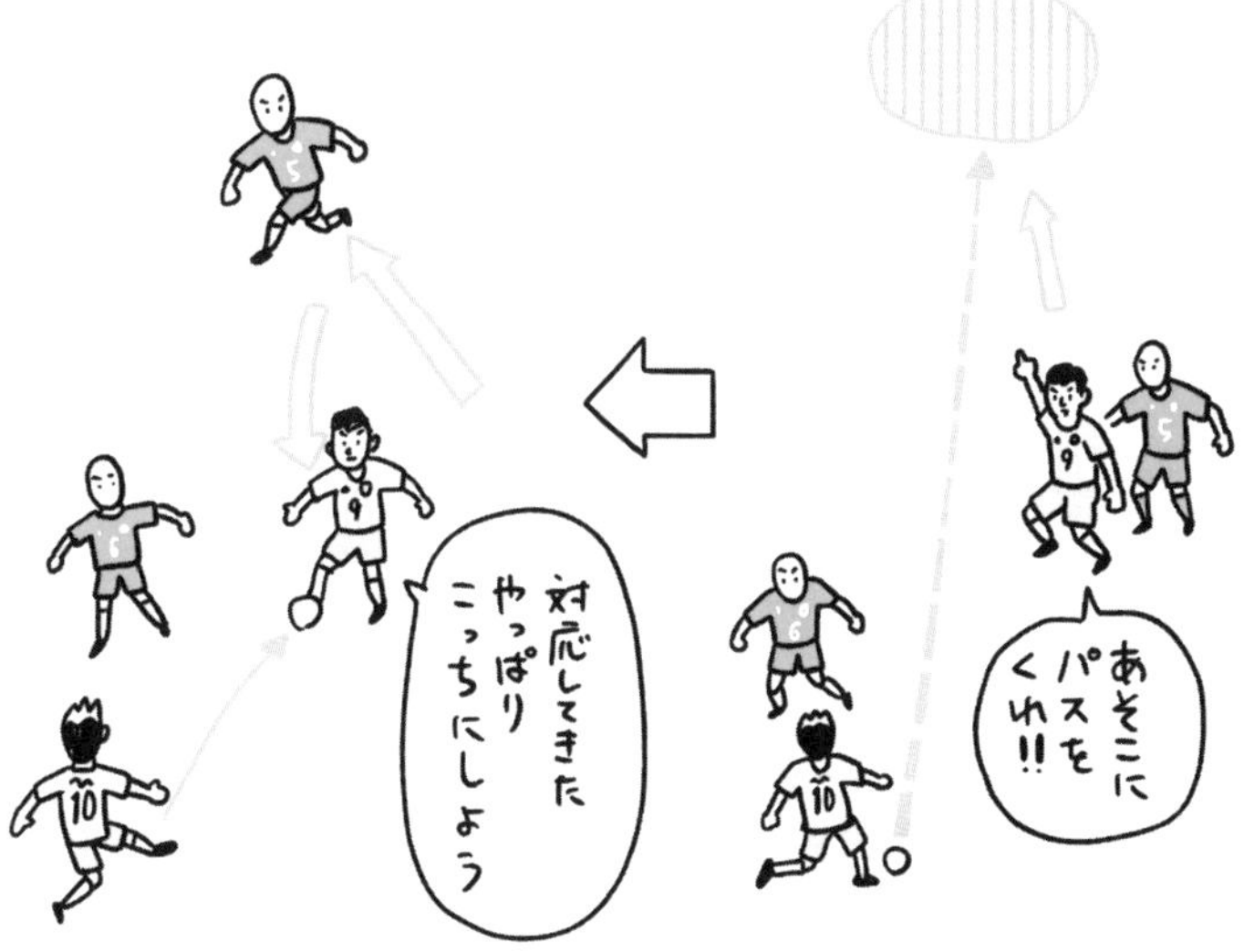

ボールが目的地になると
プレスをひとつずつ何回も繰り返す

目的地の認識を持つと、プレーに連続性が出るようになります。例えば、相手のビルドアップに対してプレッシャーをかける時。パスが出されては追いかけ、出されては追いかけ、これを繰り返す選手と、流れるように2人、3人と追いかけることができる選手がいます。これはおそらく、目的地の認識を設定する場所とタイミングに違いがあるからです。

　仮に相手のSBからパスが始まり、何人かの選手でショートパスをつないだとします。前者の選手は、常にボールやボールホルダーが目的地に設定されます。しかしその目的地に到着した時にはボールはすでにそこにはなく、プレスを繰り返す

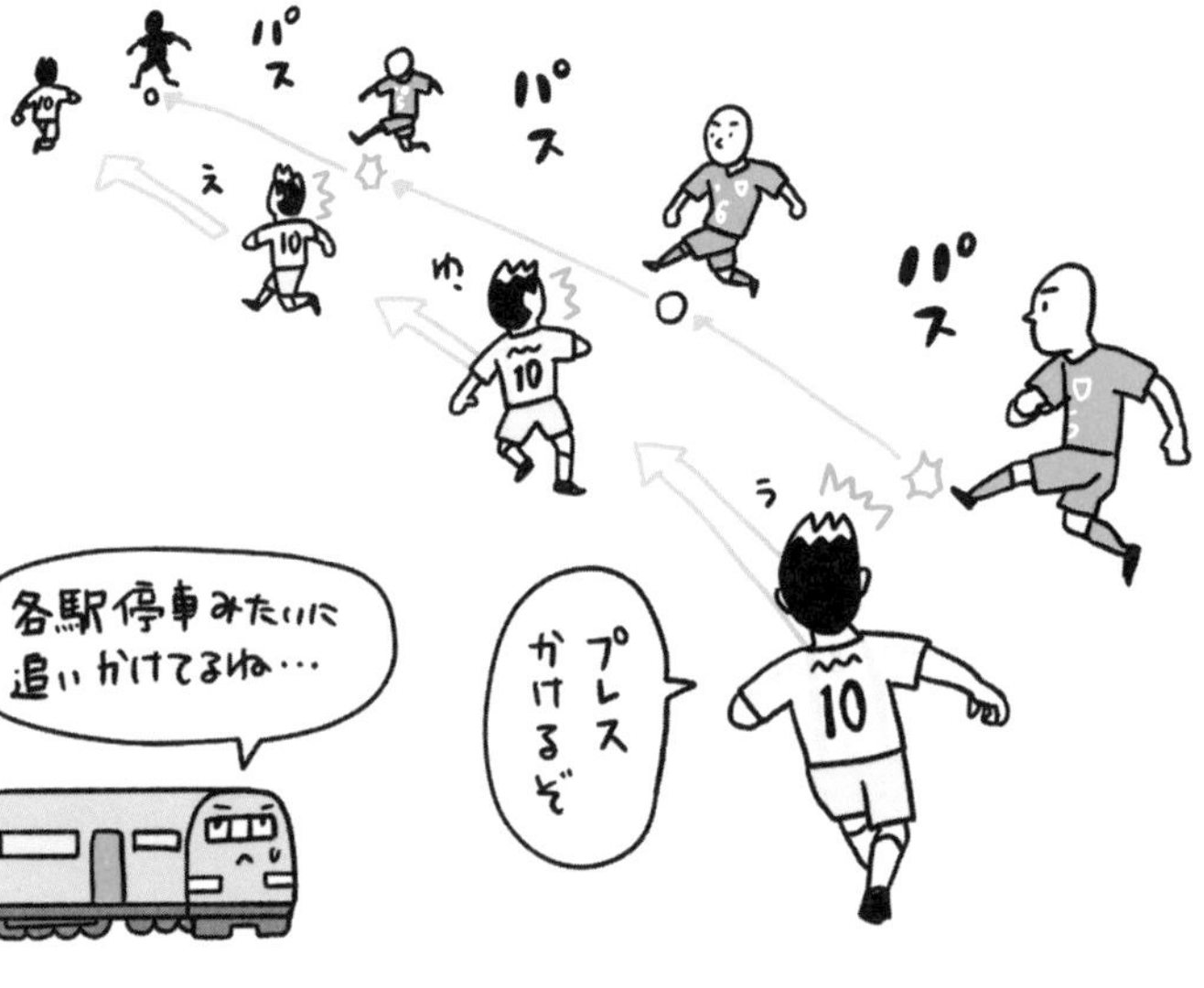
パス
パス
パス
う
ゆ
え
プレスかけるぞ
各駅停車みたいに追いかけてるね…

ことになります。常にリアクションになるため効果的なプレッシャーになりにくく、また選手本人も一人追いかけるたびにダッシュがやり直しになるので、体力の負担も大きくなり、試合が進むにつれて疲労が増していきます。

目的地の認識を持つことでプレスに連続性が生まれる

それに対して後者の選手は、目的地が常に更新され続けています。相手選手がボールを持つと次にパスを受ける選手が目的地になり、さらにその次も同様です。目的地を常に更新し続けると、パス回しを一連の流れで捉えることができるため、スムーズに追いかけることができるのです。

パス
パス
パス
いちいち停車しないから到着が早い!!
急行
次のパスはあいつで次は…

目的地がプレーの基準になる

目的地とは、よりわかりやすく言うと「ボールなしペアリングでつながるもの」のことです。ボールをもらう前から、次に向かうスペースや味方選手を認識することで、それが目的地になり、プレーの基準になります。プレーに連続性を生み出すためには、この基準が必要なのです。

例えば、ボールなしペアリングによって目的地を設定し、それを複数のチームメイトが共有できたとします。そうすれば、3章P100の例のようにスムーズに共有することができます。

しかし、相手DFもその目的地を使わせないようにコースを塞いできます。こういった時に、ボールなしペアリングや目的地の有無によって、攻撃に連続性を出せるかどうかが決まります。

目的地が基準になり多様なコースが生まれる

日常生活で目的地への行き方が一通りではないのと同じように、サッカーでも目的地までのルートはひとつではありません。例えば下のイラストで、選手AからBへのパスコースが切られてしまった場合、選手Cを経由することでBへ届けることができます。目的地がスペースの場合も同様です。

そして一度目的地に自分やボールが到達した時には、その目的地は出発点（過去）となり、すぐに次の目的地（未来）が必要になります。そうしてボールなしペアリングによる目的地の認識を設定し、更新し続けることで、最終的にゴールを決めるのです。

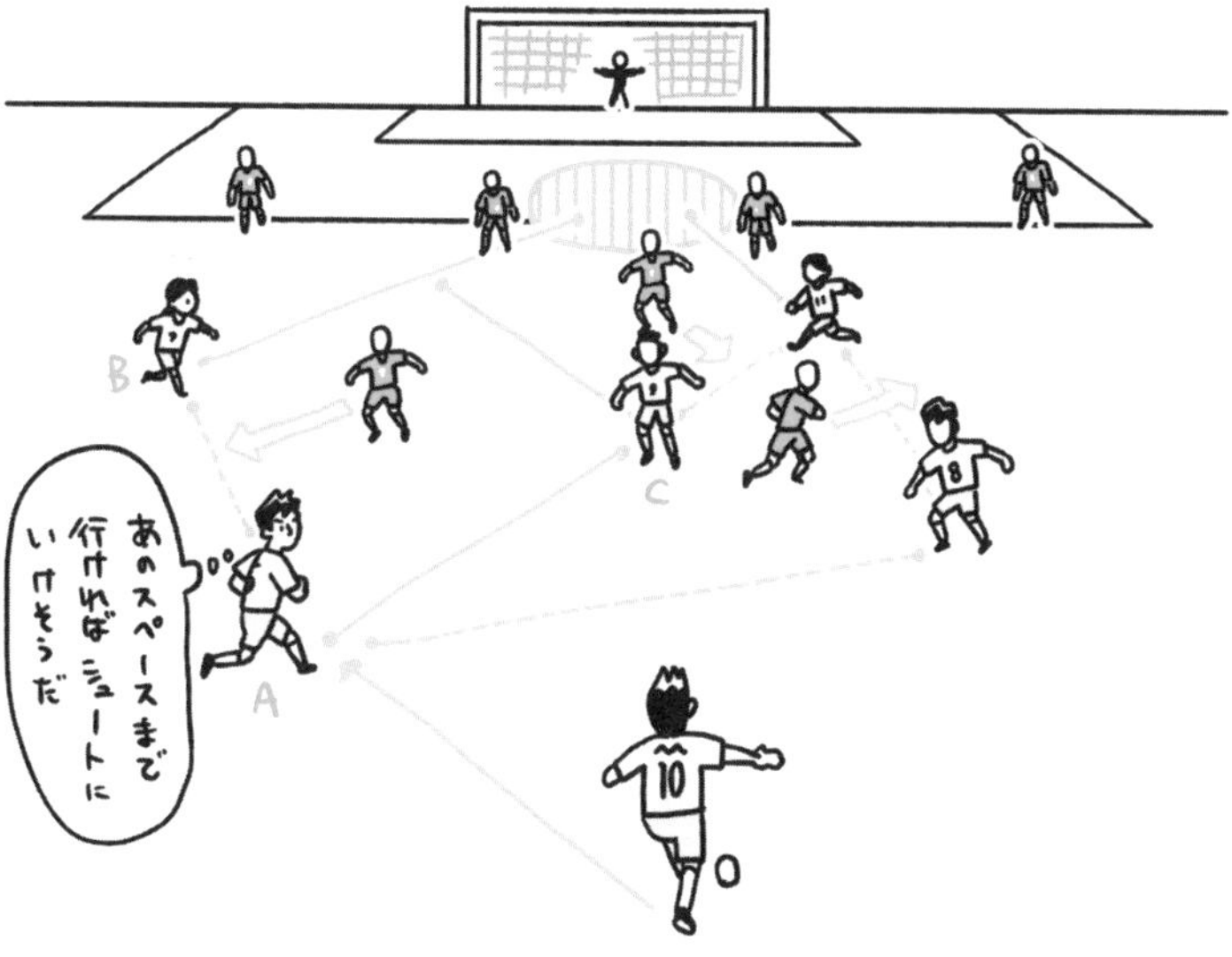

B
C
A
10
8
あのスペースまで
行ければシュートに
いけそうだ

Section 06

ブルドーザーシステムで空間ごと巻き込む

適切な位置に立ち、そこからピッチ上の景色を覗き、その中から目的地の認識を定めたら、そこへ向かうような意識でプレーをします。その際に大事なのは、「ボールを運ぶ」意識ではなく、「ボールと一緒に空間ごと移動する」ようなイメージです。

自分の周囲の空間を巻き込んでプレーする

適切な立ちどころを取り、その場所からの景色をボール越しに覗くことで、目的地を正しく認識することができ、自分のプレーが決まります。実際に**そのプレーを実行に移す時には、ブルドーザーのようなイメージを持って、空間ごと巻き込むようにプレーします。**これを「ブルドーザーシステム」と呼んでいます。

ブルドーザーは、車両前方にあるシャベルが大量の土を削りながら前進します。運転席はシャベルの後方にあります。これと同じように、サッカーでも自分の周囲の空間を巻き込んで、ドリブル、パス、シュート、タックルなどのプレーを行うイメージを持つことが重要です。

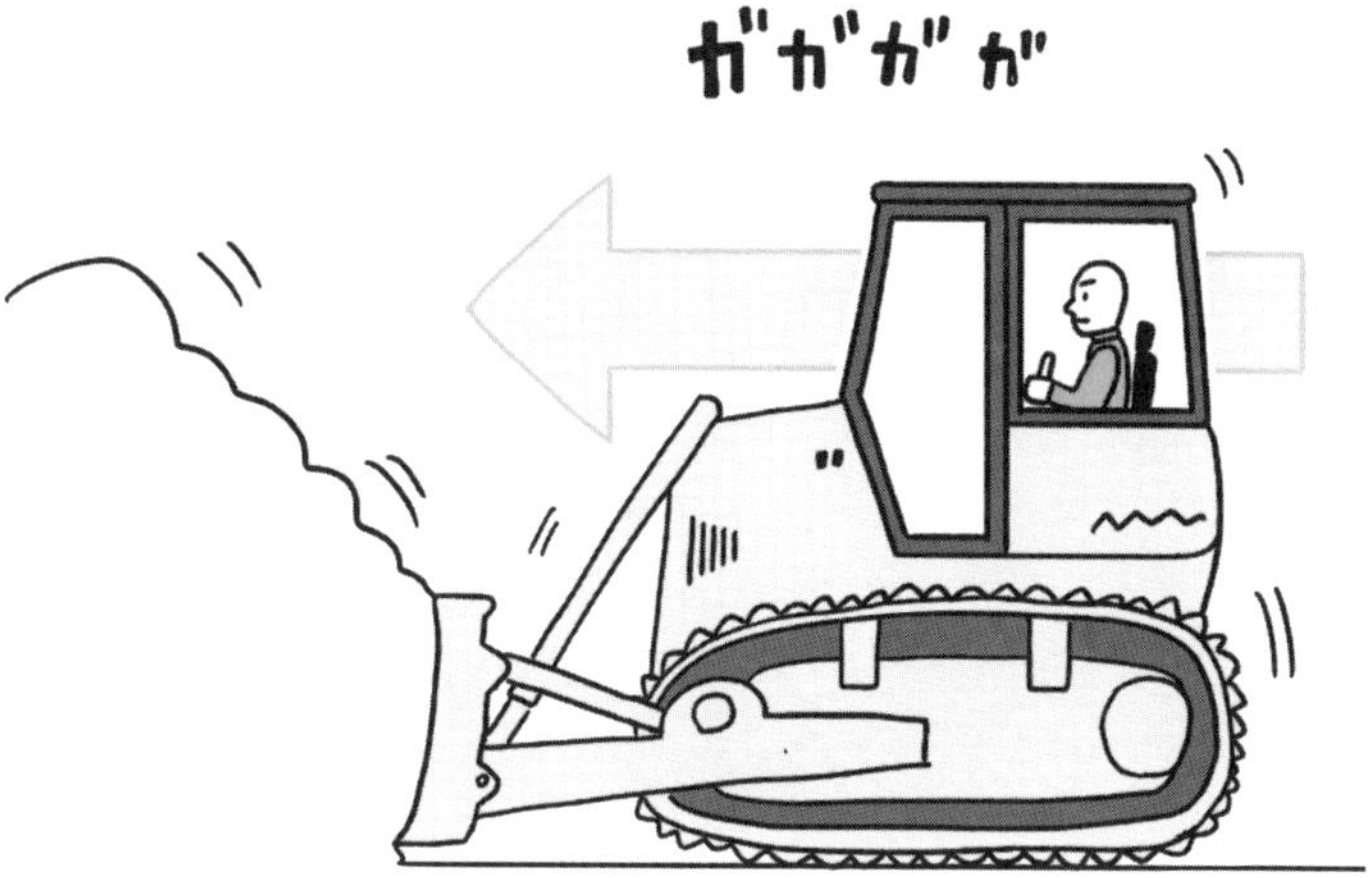

ブルドーザーは、シャベル部分の後方に運転席があり、土砂を巻き込んで前進していく様子を運転席から見ることができます。これと同じような感覚を持って、サッカーをプレーします。

ブルドーザーシステムが必要な場面

なぜブルドーザーシステムが必要なのでしょうか？　その方が力が入りやすいからです。

例えば、重いものを押す時。**目の前に水の入ったバケツがあるとして、右や左に向かって押すよりも、目的地に向かって真後ろから正面に向かって押した方が、力は入れやすいはずです。**これはサッカーでも同様なのです。正面から向かってきたボールを足先だけで右へ蹴る場合と、ボールの軌道の真後ろから押し出すキックでは、後者の方が蹴りやすく力を入れやすいのです。基礎練習の対面パスは、もっとも簡単なプレーのひとつですよね。それがブルドーザーシステムであり、試合中も対面パスを再現することが必要です。

目的地ーボールー自分という位置関係になるように立つ

2章P53では、「目的地ーボールー自分」という位置関係になるように立つ、と解説しました。ブルドーザーシステムとは、常にその位置関係を保てる場所に立ち続けることです。それにより、キックに力を込めることができます。

だからこそ「置きどころより立ちどころ」（P144）の考え方も必要です。あらゆるプレーは、基準となる方向性を持つことで意味を持ちます。ボールなしペアリングで目的地を定め、ボールとともに向かうことができる立ちどころに立つことで、初めて「ボールの置きどころ」が意味を持ち、ブルドーザーシステムで目的地へ向かうことができるのです。

ウォーミングアップで蹴る対面パスは、もっとも簡単なプレーのひとつ。それがブルドーザーシステムの考え方であり、試合中も目的地に向かう対面パスを再現することが必要なのです。

ひねるようなキックではなく押し出すようなキックを蹴る

横や斜めからの力よりも、真後ろから押す力を加えた方が大きな力になることは、P166で解説しました。しかし実際の試合では、自分に向かってくるパスは横方向で、次に出すパスは縦方向、というシーンはかなり多くあります。

ここでパスを出す時に、ボールの真後ろから押し出すようなキックを蹴ると、パススピードが上がり、パスの受け手もコントロールしやすいボールになります。そのためにも、ボールの軌道を認識し、目的地に向かって自分が正面から蹴ることができるポイントを覗くことが必要です。だからこそ、置きどころではなく立ちどころで考える必要があるのです。

ボールの軌道を認識して空間ごと巻き込んでクロスを送る

サイドからのクロスやカットインシュートなども同様です。こういった場面でも、ボールが転がる軌道とは別の方向に蹴ることになります。**ボールの軌道を認識しつつ、どの場所から覗くかを定め、その地点で自分の背後の空間ごと巻き込んでキックを蹴れるようになると、強く正確なキックを送れるようになります。**

もしこういった場面でうまくいかない時は、認識がボールに吸い込まれ、足をひねってボールをコントロールしようとしている場合が多いです。認識の中心がボールになってしまっているため、無理な体勢でボールを蹴ることになり、キックの精度が落ちるのです。

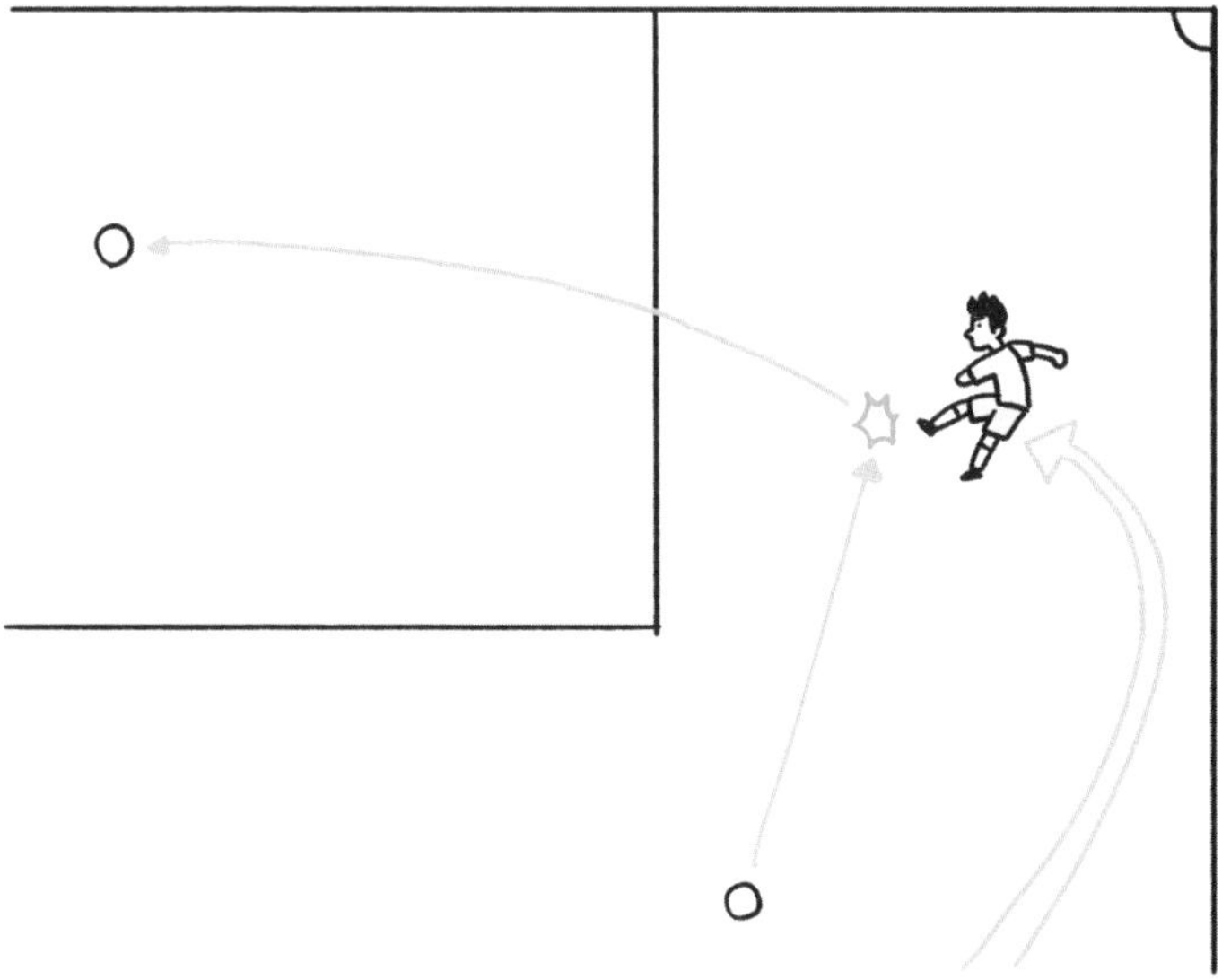

「球際」は認識をボールに集中させてしまう言葉

空間ごと巻き込んでプレーする意識は、守備でも当てはまります。**まず必要なのは、相手が覗いている景色を覗くことです。**どこに侵入しようとしているのか、どこにパスを出そうとしているのか、どのコースにシュートを打とうとしているのかを覗き、その空間を遮断できる位置に立ちます。

そこからタックルを仕掛けられるような状況になった時、ここでも目的地の認識が重要になります。タックルを仕掛けられるようになったということは、相手選手の足元からボールが離れた状況ですが、ここで目的地の認識がボールになってしまうと、ボールを弾き出して完全に自分のものにできない場合が多くなります。一方、ボールを奪っ

た先の景色を覗きながら目的地を設定し、その目的地に正対しながら自分の背後の空間ごとタックルを仕掛けられると、完全に自分のボールとして収めることができます。ボールに集中し、次の景色が塞がれている相手選手と、相手の景色を遮断しながら球越しの目的地を認識できている自分とでは、ボールにかけられる力が違うからです。

顕著に表れるのが、「球際」と呼ばれる場面です。「際」とは、スレスレのところ、という意味です。「球際」という言葉では、目の前のボールが最終目的地になってしまい、際に集中するあまり自分の認識が固定されてしまう、ということが起こるのです。

球際ではなく、本当に必要なのは「球越し」という考え方です。

相手が覗いてる景色を
塞いであいつに届けるように
タックル!!

流れや方向性のない「球際」

「球際」と「球越し」の認識の違いを見てみましょう。まず「球際」は、2章P51の写真のような、認識の中心がボールになっている状態です。相手選手のことも多少は意識に入っているかもしれませんが、基本的には「ボールをなんとかする」という意識になっており、ボールに到達することが目的になっています。そうなると、ボールに到達した後に何をするかという流れや、どこに向かってプレーするかという方向性がなくなります。したがって、本書でここまで述べてきたボールなしペアリング、覗く、目的地の認識などを持つことができず、〝やるべきプレー〟になる可能性は低いでしょう。

「球越し」に向こう側の景色を覗いて次のプレーもスムーズにできる

一方「球越し」は、ボール越しに目的地を覗く、という意味です。ルーズボールなどの五分五分の局面で、ボールは認識しつつも、次に向かう目的地やボールなしペアリングのつながる先の景色も覗けているため、プレーに方向性を定めることができます。

球際と球越しの戦いで特に象徴的なのは、2017年11月10日の国際親善試合で、日本代表とブラジル代表が対戦した時です。ブラジル代表は、ほとんど全員の選手が球越しの戦いをしているのに対し、日本代表は球際の戦いです。国際試合を見て「球際を強くいかなければいけない」という意識が芽生えていくほど、逆に球越しの戦いに勝てなくなっていく、という悪循環なのです。

相手が左から
来て味方が右側に
いるのでボールが転がる
先のここでパスを出そう
10

Section 07

目の前の相手やボールにとらわれずにプレーする

立ちどころ、ボール越しの景色を覗く、覗いた景色の中から目的地を認識するなど、周囲の状況に合わせて“やるべきプレー”を選択することを述べてきました。反対のことを言えば、目の前のボールや相手選手にとらわれない、戦わない、ということです。

球際の技術よりボールの向こう側の景色を覗く

「球際」に代表されるように、日本でサッカーを語る時はごく狭い局面を表す言葉や表現が多くあります。1対1でどのように勝負するか、シュートをどのように蹴るか、パスをどのように出すか、どのようにドリブルするか、といったことです。

しかし本書で何度も述べているように、それらの行動はボールの向こう側の景色を覗くことで、初めて決まります。**周囲の状況や実際の試合を想定せずにそうした技術を磨くことの効果は高くありません。**どんな状況でその技術を発揮するかという前提をセットで考えることで、練習の成果が大きく表れます。

ゴールの前に
フリーの選手がいる
パスを出したら
ゴールになりそうだ
味方がオーバーラップ
すれば、そっちにもパスを
出せるかも
後ろにも
味方のサポート
がある

頭の中に少し前の景色がスクリーンショットされて残ってしまう

「今」見た目の前の景色で認識を固定したままプレーすることを、私は「頭の中にスクリーンショットが固定される」と表現しています。

3章で述べた通り、サッカーをプレーする際には流れを捉えることが必要です。例えば、ボールを持つ前には1対1の勝負をするのに最適な状況だったとしても、パスが転がっている間に状況が変わることを前提に考える必要があります。にもかかわらず、ボールが入った時にも少し前の認識のままプレーしてしまい、攻撃が止まってしまう、という場面を多く見かけます。少し前の景色がスクリーンショットされて、頭に残り続けてしまう、というわけです。

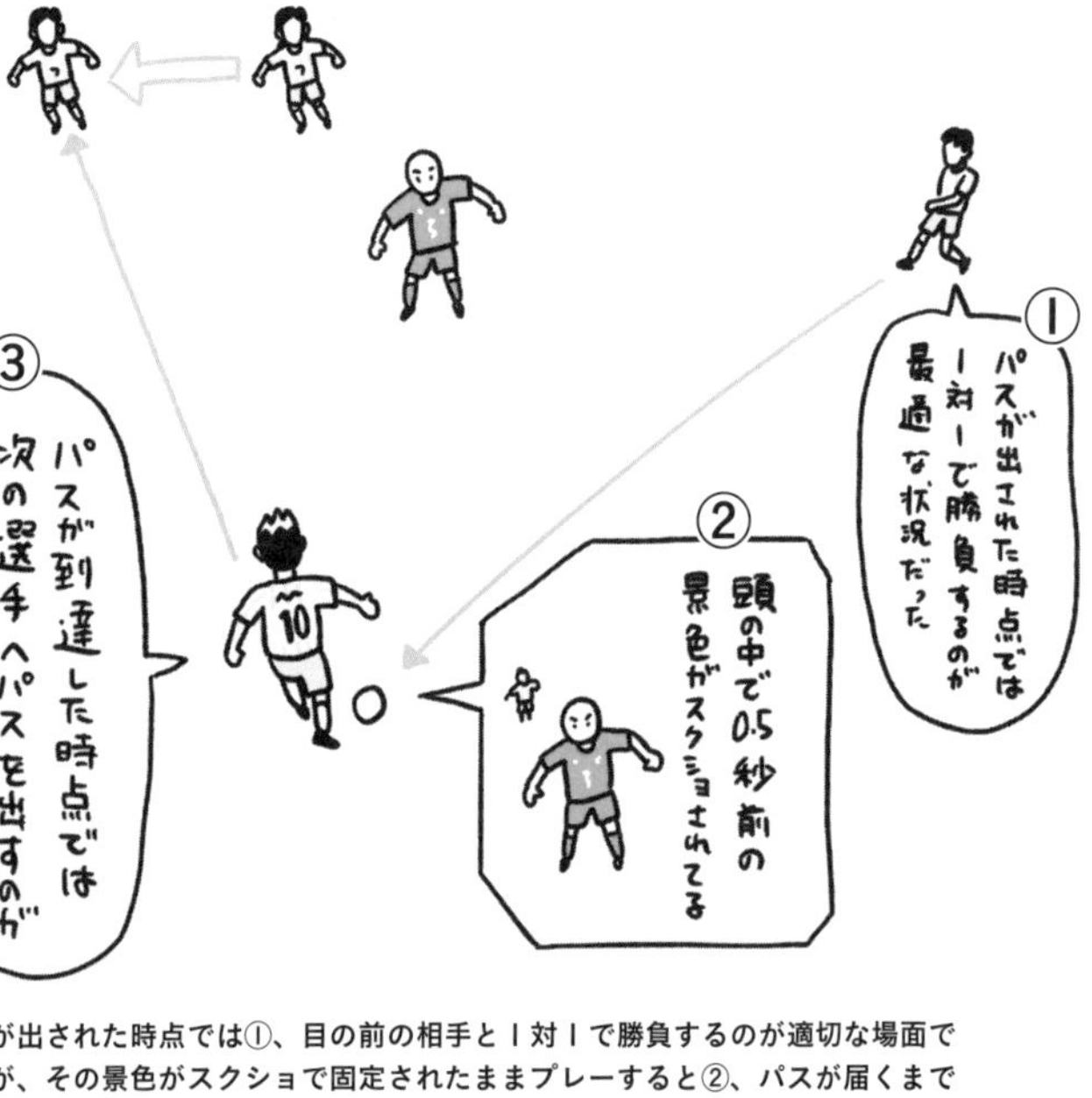
①
パスが出された時点では1対1で勝負するのが最適な状況だった
②
頭の中で0.5秒前の景色がスクショされてる
③
パスが到達した時点では次の選手へパスを出すのが最適な状況になった

パスが出された時点では①、目の前の相手と1対1で勝負するのが適切な場面でしたが、その景色がスクショで固定されたままプレーすると②、パスが届くまでに状況が変わったこと③を認識できず、そのままドリブルで仕掛けてしまいます。

次の景色へのつながりができれば目の前の相手と勝負する必要がなくなる

なぜ景色がスクリーンショットされてしまうのか？　それも、ボールなしペアリングや目的地の認識がないからです。

次の景色へのつながりを持っていれば、そこへ向かうためのプレーを選択できます。そのラインを相手が塞いでくるなら、別のラインを探す、といったことができ、目の前に現れた相手と無理に勝負する必要がなくなるのです。もちろんドリブル突破をする場面もありますが、それはあくまで目的地へ到達するための最適な手段がドリブルであったというだけで、突破の最中にフリーの選手が現れれば、そちらにパスを出すことができます。

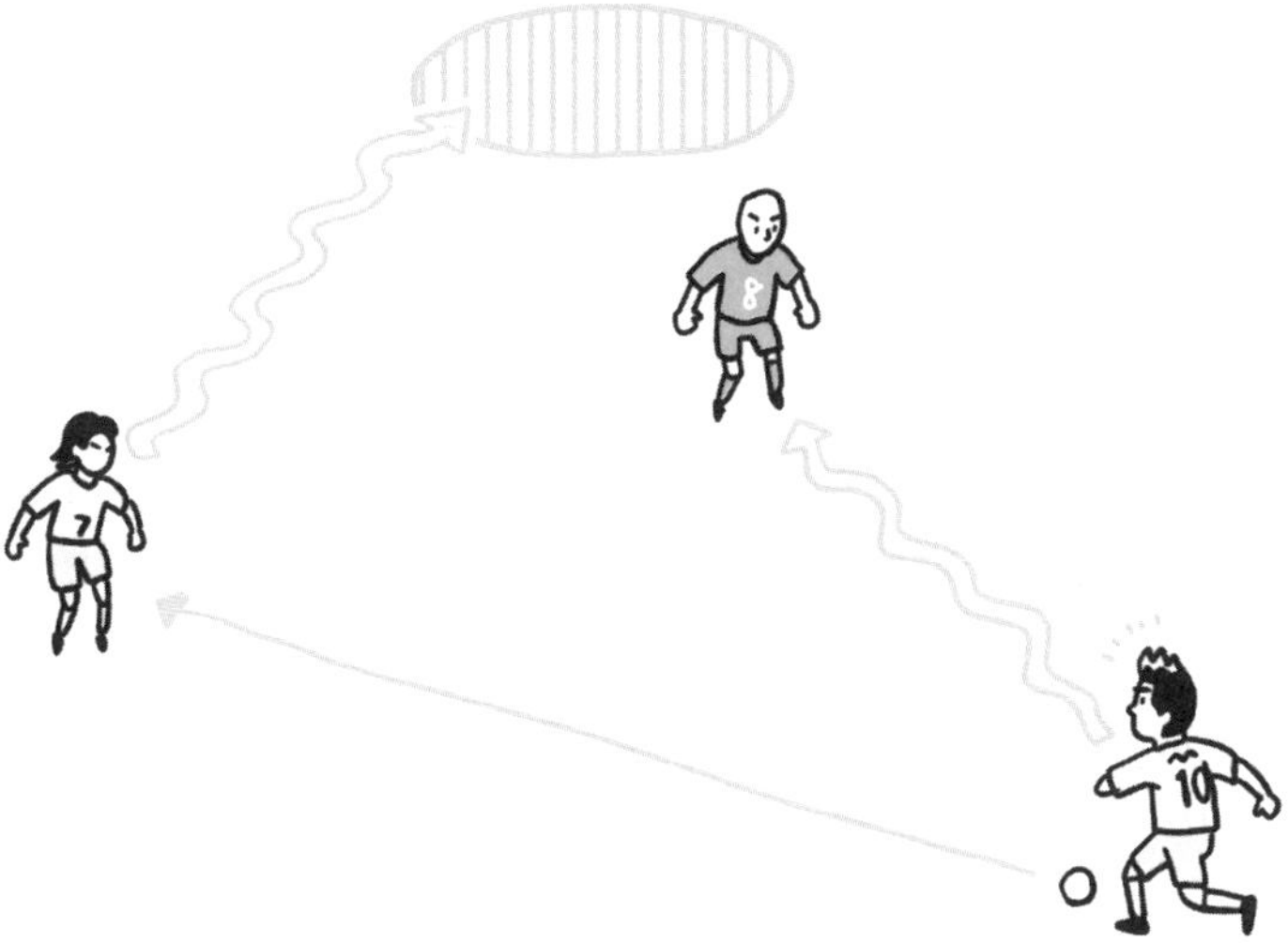

次の景色を覗くことは次のプレーを想像すること

景色がスクリーンショットされてしまう典型例が、セカンドボールを拾えない中盤の選手です。GKからロングキックが蹴られ、自分がいる地点を大きく越えていくにもかかわらず、別の選手が触るまでボールを見続けてしまう、といった選手です。ここで必要なのは、ボールが落ちる地点はどこで、そこで競る選手は誰と誰で、どちらが優位だからどこにセカンドボールがこぼれそう、といった予測を立てることです。

狭い局面での1対1の勝負などでも同様です。目の前にいる相手をドリブルで抜き去ることを考えると、目的地の認識は目の前の相手になります。そうすると、たとえ突破できたとしても、次

の相手がいることに気づけずに奪われたり、次のプレーが決まっていないため適切なタイミングでパスができなかったりします。

次の景色を覗くことは、目の前の相手ではなく、それをかわした先や次のプレーのことを想像することです。サッカーでは常に状況が移り変わっているため、その状況を認識しながら〝やるべきプレー〟がなんなのか、都度判断を変えていくことが必要です。前述の1対1の例では、ボールを受けた瞬間にはドリブルを仕掛けるのが正解かもしれませんが、1秒ボールを保持しただけで相手が帰陣して、ドリブルが有効でない状況に変わることも、十分にあり得ます。「覗く」とは、ボール、スペース、味方などの具体的な対象以外に、そうした「状況越し」に覗くという意味もあるのです。

Column

サッカーと言語

04

日本語はサッカーの景色を共有しづらい？

日本語は話者の視座で語ることが多い言語であり、「私は」などの主語を省略しても、誰が（何が）主語であるかを聞き手に伝えることができる言語です。

例えば、ある人が友だちの目の前に缶コーヒーを差し出して「飲む？」と一言聞けば、友だちも「飲む」の一言で会話が成立します。話者の言葉が少し足りなくても、聞き手が文脈を読み取り補完することができるのも、日本語のすごさのひとつです。

しかし、サッカーにおいて日本語を使って他者と情報を共有する時は、日本語で話者の見ている景色を話しても、他者と共有しづらいのではないか？と思うようになりました。

P80 のコラムのように、これまで教わってきたサッカーが違うことは多々あります。また、本書を通して「ピッチのどこに視座を設定するか、カメラを置くか」という話をしてきました。チームメイトや監督と話をする時に、これらの前提を共有してから話をしているでしょうか？　今説明している現象は、自分が見ている景色（自分の視座）なのか、相手が見ている景色（相手の視座）なのか、第三者が見ている景色（ボールやスペース越しの視座）なのか、という前提を共有しているでしょうか？　主語や前提を省略しがちな日本語を話す私たちは、サッカーでも無意識にその前提を共有できているつもりで話していても、実はまったく別の視座から物事を話してしまっている、ということはないでしょうか？

本書で述べていることの大半は、実は「前提はなんですか？」ということでもあるのです。

5

“覗く”ことで起こるプレー

サッカーを流れで捉え、ピッチ上のさまざまな場所から覗けるようになると、
体の動きにも変化が出てきます。
ただし、5章で述べる体の動きは、あくまでも意識を変えた結果、
その形になる、ということを踏まえてご覧ください。
体をうまく動かそうとしてしまうと、本書で述べてきたような“流れ”や
“覗く”ことにならないからです。

Section 01

ボールをもらう時は 胸合わせ

サッカーでもっとも意識することのひとつが、「体の向き」ではないでしょうか。いいプレーのためには広い視野が必要で、視野を確保するためにいい体の向きで備える。こんなふうに教えられた選手も多いはず。しかし、それは本当に大切なことなのでしょうか？

「いい体の向きで視野を確保」はトップレベルの常識ではない？

現在、日本サッカーの育成現場では、「視野の確保が大切だ」と言われています。JFAの指導指針にも記載されていることで、ほとんどの指導者の間で常識になっているはずです。

視野の確保のためには、体の向きが大事だ、とも言われています。ボールと前方を同時に見えるような体の向き、**いわゆる「ボディシェイプ」を意識しよう、ということです。これを意識すると、ボールに対して斜めに構えることになり、多くの選手はその体勢でプレーしています。**

しかし、トップレベルの選手はどのような体勢になっているでしょうか？ **レベルが高くなるほど、ボールと正対しているように見えます。**

斜めにかまえて視野を確保しろ!!
あっちを向いて視野を確保しよう
あれ、でも昨日見た試合では選手たちは真正面を向いてたような・・・

体が正対し「胸合わせ」ができた瞬間がパスを出す合図

ここでトップレベルの試合を見てみましょう。DFラインからじっくり攻撃を組み立てる時は、パス交換の際にはほぼ必ずパスの出し手と受け手が正対しています。認識ができて未来が見えた時には正対し、体が向かい合った瞬間がパスを出す合図になっています。私は、**出し手と受け手が正対する瞬間を「胸合わせ」と呼んでいます。**パスを受けた時のファーストタッチで、ボールとともに目的地へ向かうことで、スムーズにトラップできているのです。ボールを触り前を向く過程の中で、前方や斜め前を向いているように見える瞬間はあるので、これを切り取って「いい体の向きで視野の確保」と言われているのではないでしょうか。

ゴール方向を覗けていれば 中盤で躊躇なくターンできる

胸合わせでボールを受けると、視野の確保ができていないように見えます。典型的な例は、CBから中盤へのパスです。ほぼ真後ろからパスを正対して受けると、ゴールは真後ろになり、ゴール方向が見えているようには思えません。しかし中盤の〝いい選手〟は、CBからのボールをスムーズに真後ろへターンすることができます。これは、ボール越しにゴール方向を覗いた景色がすでに見えているため、躊躇なくターンすることができるからです。またターンの瞬間も、ボールを触るかどうかはさほど重要ではありません。ボールとともにゴールに向かうという意識が持てるなら、触っても触らなくてもいいのです。

後ろの景色はこうなって
いるから前を向けるな

胸合わせでパスを出すタイミングを伝え パスのラインを決める

胸合わせの効果は、パスの出し手に「今パスを出せ」と伝えることです。ボールホルダーにとっては、受け手が正対している時がパスを出しやすい状態です。その状態を意図的に作ることで、「パスを出してくれ」と伝えることができます。

もうひとつの効果は、パスのラインが決まることです。対面パスではどこにパスを出すべきか明確にわかります。同じように、試合中も胸合わせをすることで「ここにパスをくれ」というラインを決めることができます。カウンターやスペースに走る時など、正対しないでパスを受ける場面は、「スペースと胸合わせをしている」と考え、走り込む先がパスラインになります。

胸合わせでは、ボールホルダーに「パスを出してくれ」とタイミングを伝えることになります。スペースへ走り込む時は「スペースと胸合わせをしている」と考え、パスの出し手はスペースへスルーパスを供給します。

胸合わせをすることが目的ではない

ここで気をつけたいのは、胸合わせをすることが目的にならないようにすることです。3章でも述べた通り、自分のポジショニングやプレーは、ボールなしペアリングとボール越しの景色で決まります。胸合わせは「パスをくれ」という合図ですが、それはつまり「ボールなしペアリングができて次のプレーが決まったから俺にパスを出してくれ」という意味です。

その前提を踏まえずに胸合わせをすると、認識の中心がボールになってしまい、〝やるべきプレー〟から遠ざかってしまいます。

体の向きより認識の向き

「ボールなしペアリング」で未来とつながり、「胸合わせ」でボールを呼び込み、「置きどころより立ちどころ」（P144）でプレーを実行します。これらの一連のプレーをしていると、体の向きと認識の向きが一致していない場面が多くあります。

具体的に見てみましょう。中盤の選手で、DFからのパスを受けるために自陣方向を向いているのに、相手のプレッシャーを感じてスルスルと逃げていく、という選手がいます。そういったプレーができるのは、体は後ろを向きつつも、認識は自分の背中側にあり、相手のプレッシャーを感じながらプレーしているからです。

そういった察知能力を高めるのが、覗くことや、ボールなしペアリングだということです。

自分が覗いている景色を相手に覗かせる「お覗き覗き」

反対に、自分が覗いている景色をわざと相手に認識させ、その逆をつくこともあります。これが「お覗き覗き」です。

まず、ボールなしペアリングで目的地を設定していることが前提です。そして目的地へのラインを覗くと、相手はそれを認識してラインを塞いできます。すると相手が動いた分だけ別のラインが空くのでそちらを利用する、というわけです。

例えばキックフェイントや、FWが足元で受けるふりをして裏に抜ける動きなどは「お覗き覗き」のプレーとも言えます。これらのフェイントは、自分が目的地を持ち、それを相手に覗かせることで効果が大きくなります。

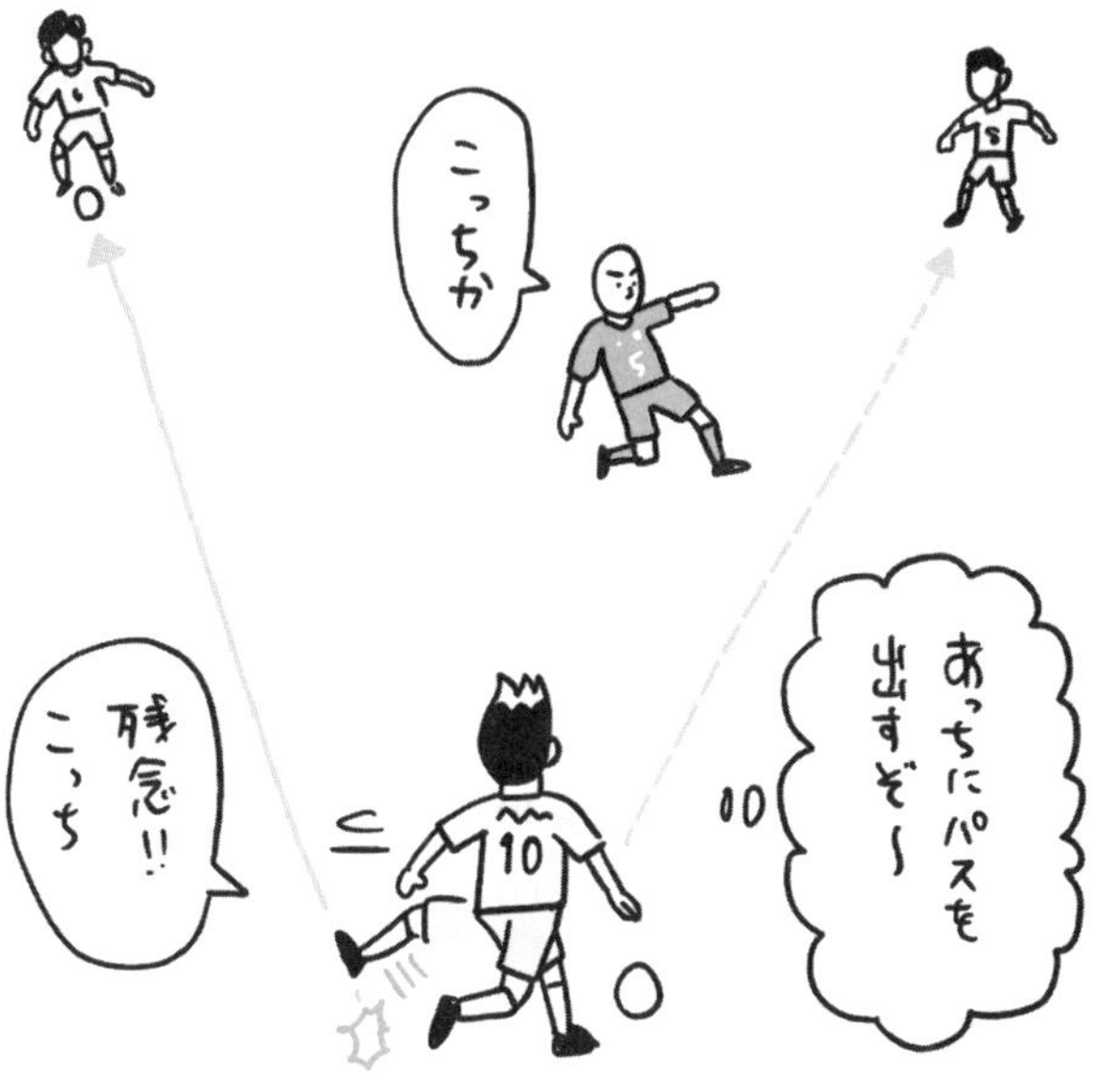

Section 02

ボールとは違う軌道を走る

ピッチ上の景色をさまざまな視座で覗くこと、ボールなしペアリングを作ること、目的地の認識を持つことを述べてきました。それらを持つことで、具体的にどんな現象が起こるのでしょうか？ 代表例のひとつが「ボールとは違う軌道を走る」ことです。

自分ーボールー目的地という位置関係になるように立ちにいく

サッカーの試合では、ボールは基本的に常に動いています。トラップして足元に置いても、ボールが完全に静止することはあまりなく、遅くても速くても転がっているのが普通です。

ピッチ上を覗く時は、転がっているボールの軌道を認識して、その軌道のどこから覗くかを考え、P53のように目的地ーボールー自分という位置関係になれるように立ちにいきます。その結果、自分が走るコースは、ボールの軌道とは違うコースになります。これが「ボールとは違う軌道を走る」という意味です。反対に、ボールと同じコースを走ると、次のプレーが難しくなります。

「腰のキレがない」シュートは正しい視座を設定できていないから

スルーパスに反応しDFの裏へ抜け出したFWがダイレクトでシュート、という場面を考えてみましょう。この時、FWの視座が自分の目線のままで、認識がボールに集中していると、ボールの軌道と同じコースを走りシュートを打つことが多いです。しかし**ボール越しの景色は覗けておらず、自分の視座のまま景色が固定されているため、体をひねってボールを無理やり蹴る形になり、細かなコースを狙うことはできません。**ゴールマウスから外れてしまうことも多いでしょう。

こういったシュートは「腰のキレがない」などと言われ、フィジカルや技術に着目しがちですが、実際は正しい認識ができていない可能性があります。

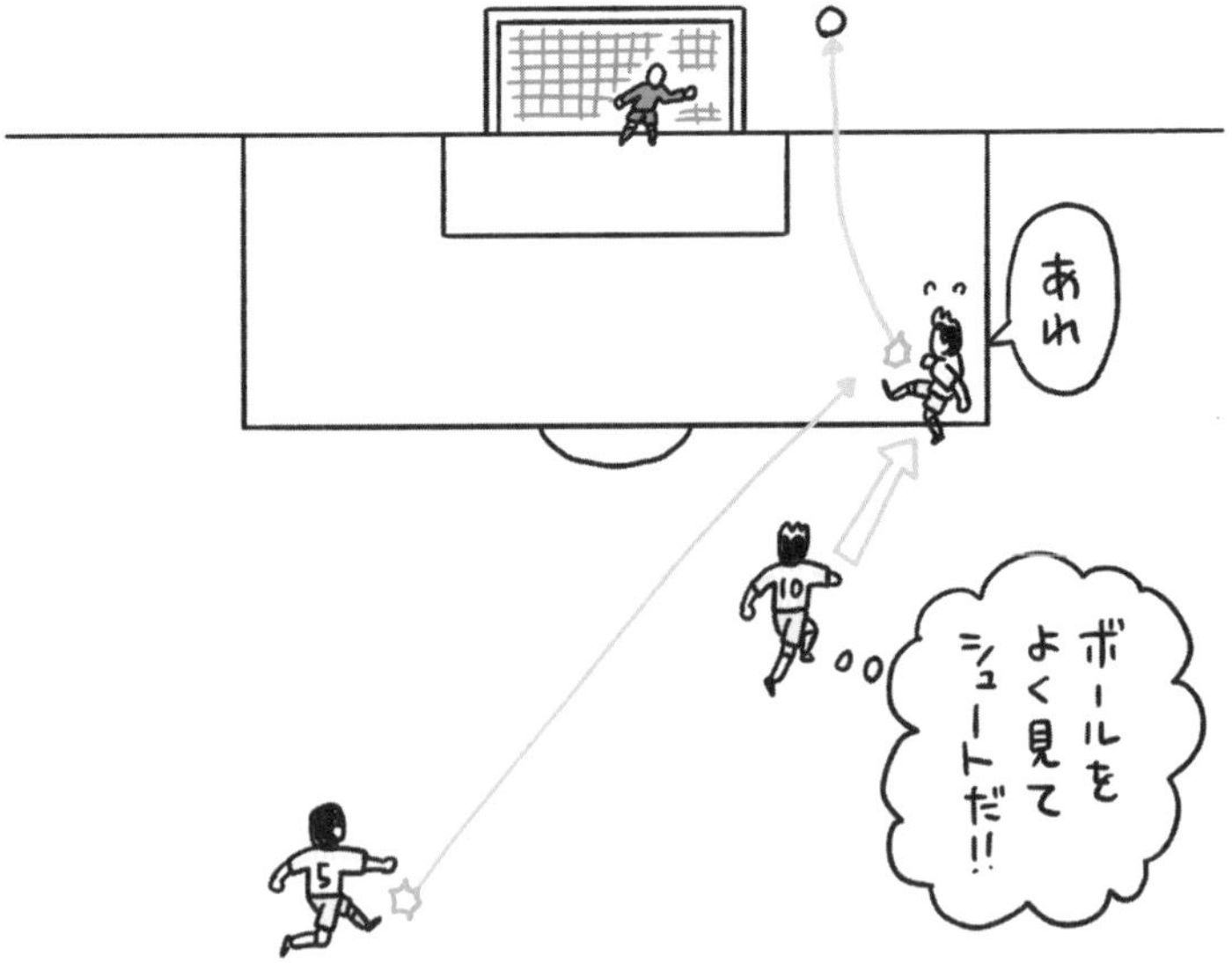

認識の中心がボールになったクロスは中央の味方も合わせにくい

もうひとつの例は、サイドをスルーパスやドリブルで突破した選手が、中央へクロスを上げる場面です。右ページのシュートの場面よりも、ボールの軌道に対する目的地の角度が鋭角になります。ここでも**認識がボールに集中すると、自分が走るスピードを制御できず、キックはゴールラインを割ってしまうか、逆に折り返しの角度が急すぎて味方にうまく合わなくなってしまいます。**もちろん、走る軌道もボールと同じコースです。

またこのキックだと、中央で合わせる選手もわかりにくいでしょう。サイドの選手の意識はボールとつながっているので、タイミングが掴みづらく、どこに飛んでくるかも認識しにくくなります。

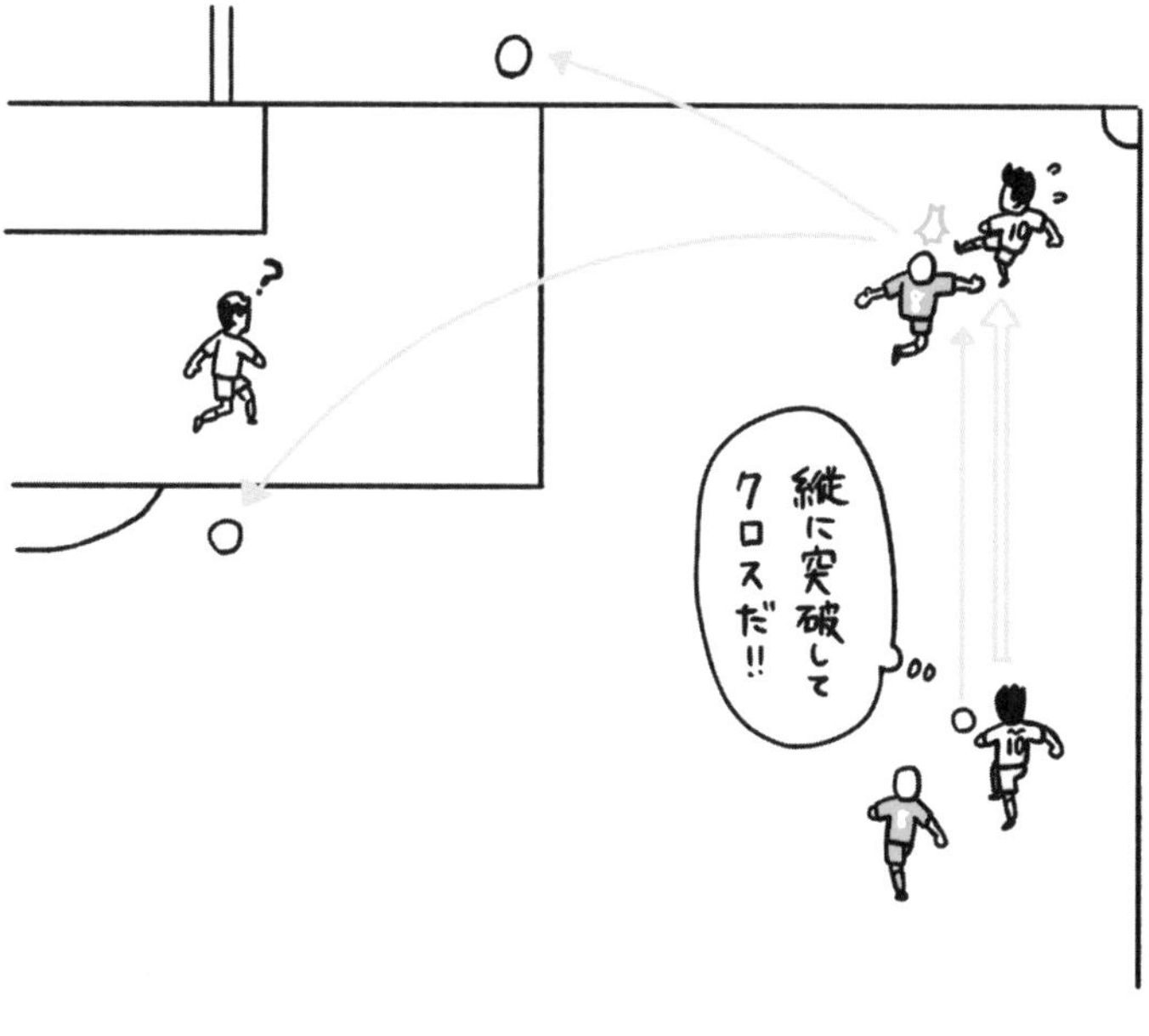

ボールの軌道越しに覗いたポイントに後からボールが来る

では、ボール越しにゴールや中央を覗いていると、どういったプレーになるでしょうか？　まず、走る軌道がボールとは違うコースになり、ボールが転がる軌道に対して目的地ーボールー自分という位置関係になれる場所へ先回りします。**目的地を覗けている時は、ボールの軌道と自分のキックが交わる位置が認識できているため、そのポイントに先回りして後から来たボールを蹴る、という意識で蹴ることができます。**

またキックは、腰や足をひねるような形にはならず、蹴った後には目的地と正対して胸合わせができます。足のどこで蹴るか、球質はまっすぐなのかカーブなのか、低い弾道なのかふんわりとさせるのかなどは、自然と選択できます。

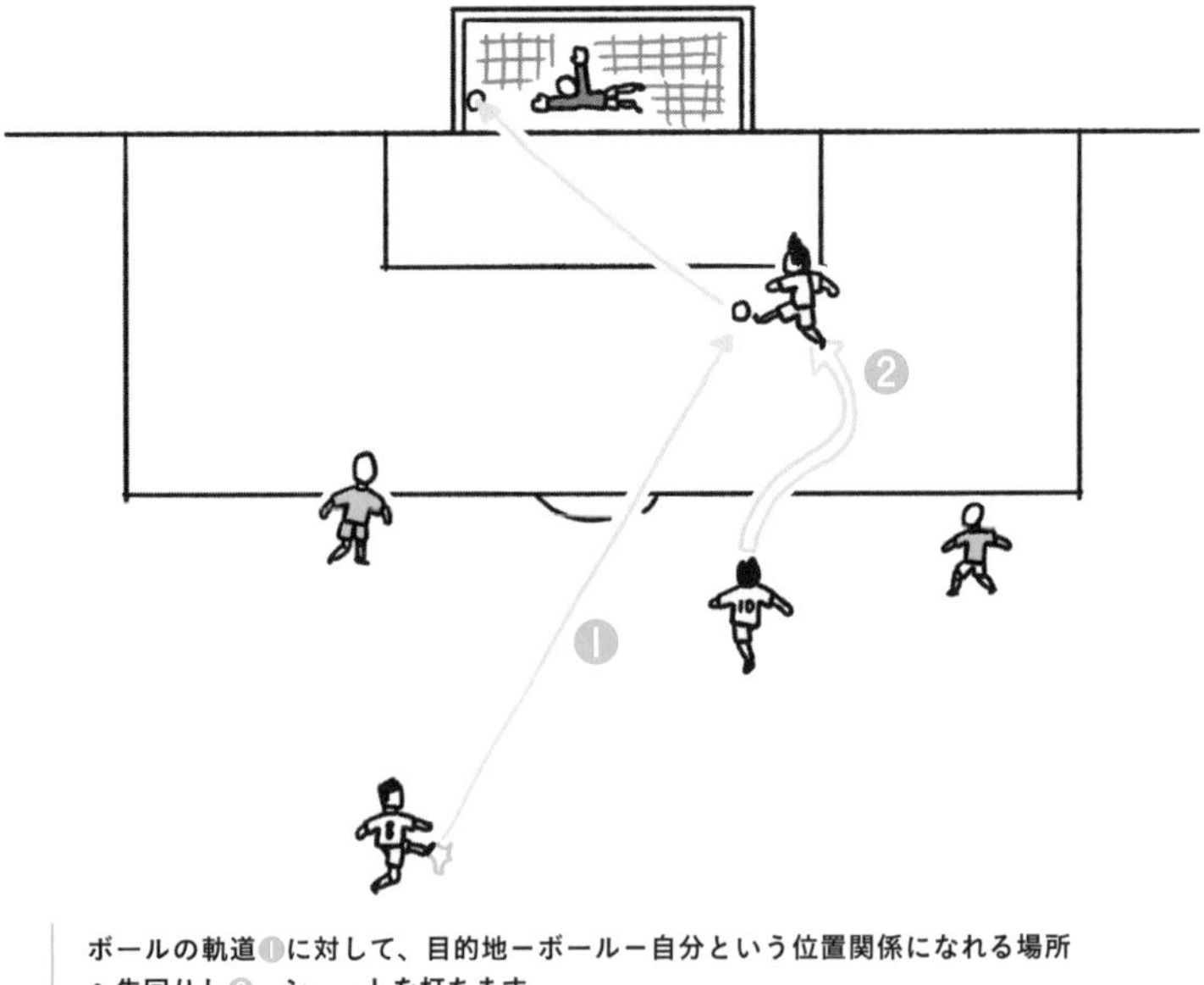

ボールの軌道❶に対して、目的地ーボールー自分という位置関係になれる場所へ先回りし❷、シュートを打ちます。

クロスでは、中央の選手も合わせやすくなります。ボールに対して回りこむような軌道で走るので、いつ蹴ってくるのか、タイミングを掴みやすいです。また、胸合わせの先にボールが来るので、どこで合わせるかがわかりやすくなります。

ボールと違う軌道で走ることを目的にしてはいけない

ここでも大切なことは、「ボールと同じ軌道で走らないことを目的にしない」ことです。自分の走るコースを意識すると、目的地の認識が本来あるべきゴールにならず、目の前の現象に集中してしまいがちです。シュートならゴール、クロスなら中央の選手やスペースに目的地を設定し、ボールの軌道越しに目的地を覗くことで、〝勝手に〟走るコースが変わっていくことが大事です。

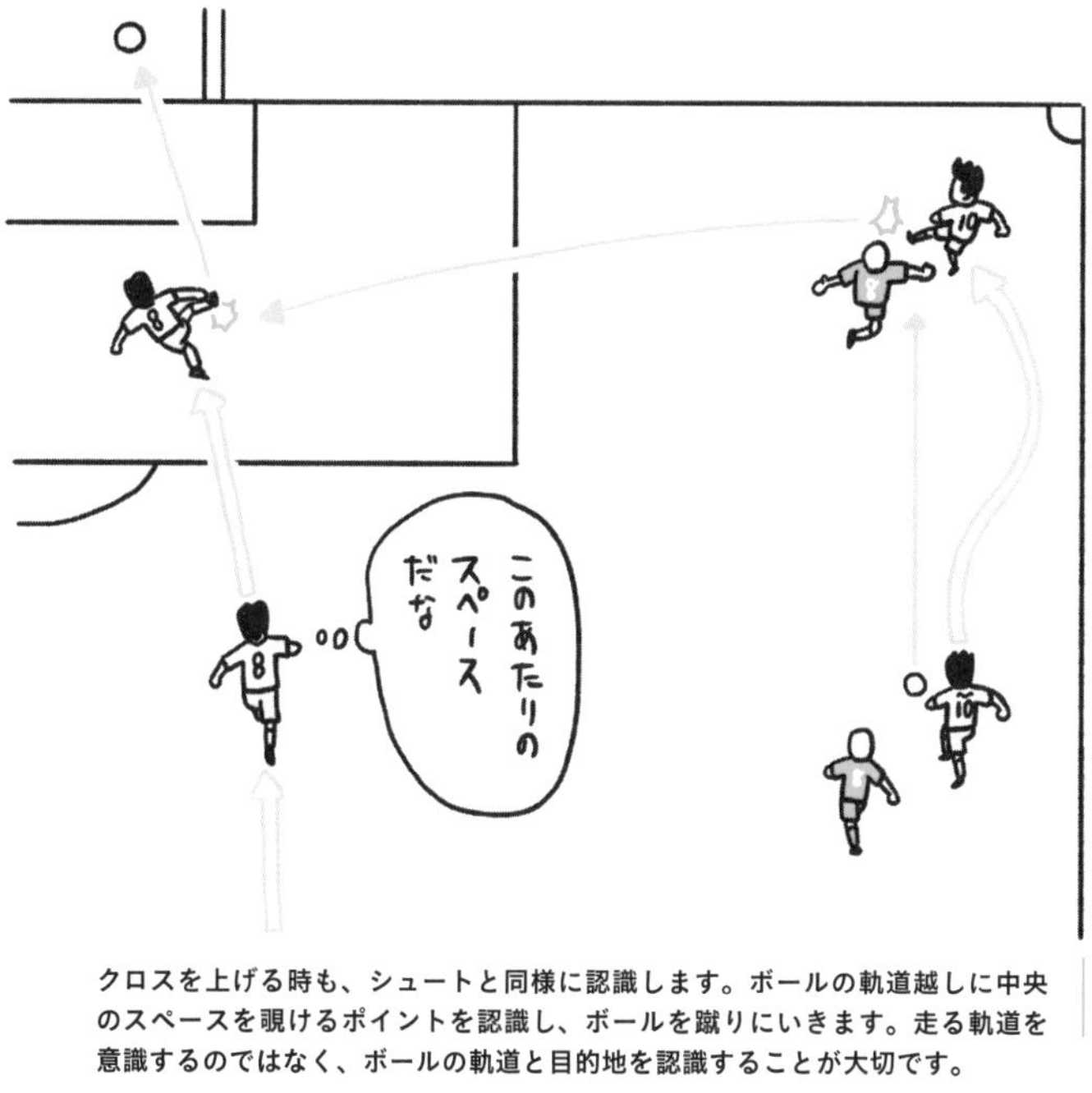

クロスを上げる時も、シュートと同様に認識します。ボールの軌道越しに中央のスペースを覗けるポイントを認識し、ボールを蹴りにいきます。走る軌道を意識するのではなく、ボールの軌道と目的地を認識することが大切です。

Section 03

体に スキマ ができる

覗く、ボールなしペアリング、目的地の認識などの思考の違いは、体の動きにも変化をもたらします。どのような違いが出るかを見てみましょう。また、自分の動きと比較してどうなっているかを見てみるのもいいでしょう。

体を傾けてできる三角形の空間を「スキマ」と呼ぶ

〝いい選手〟の動きをより細かく見ていきます。ただしこれも、すべて「目的地を覗いた結果、その体勢になっている」と考えましょう。

近年はSNSで欧州各国のクラブの練習動画や写真を見ることができます。それらを見ていると、左の写真のように体が傾いている姿勢を見たことがあるのではないでしょうか？ 私はこれを「**スキマ**」と呼んでいます。

スキマは、多くの場面で見られる現象です。日本ではスキマを作れるのは特別な選手という印象で、スキマを作るためには指導が必要でしたが、トップレベルの選手たちは誰もが自然にスキマを作っていました。

© Alamy Stock Photo/amanaimages

体が斜めに倒れ、地面との間にできる三角形の空間を「スキマ」と呼んでいます。
"いい選手"は、プレー中にスキマができていることが多いです。

目的地の認識があると体に「スキマ」ができる

運動会の徒競走を思い出してみてください。スタートで「よーい」と言われると、体を傾けて走る準備をしませんでしたか？ あの傾きが「スキマ」です。徒競走の場合もゴールという目的地があり、目的地に向かって走る準備をすると、自然とスキマができるのです。

サッカーも同様です。例えば下のイラストは、ドリブルをしながらターンしたシーンです。ターンをするということは、**ドリブルで向かっている方向から別の方向に目的地ができたということ。その目的地をボール越しに覗いてターンをすれば、体には自然とスキマが生まれます。**認識の中心がボールになっていないこともポイントです。

目的地に向かうためにターンすると、体には自然とスキマができます。

スキマを作ることが目的になってはいけない

スキマができるのは、目的地の認識があり、ボール越しに景色を覗けている時です。反対に、ボールに認識が集中している時のキックでは、スキマが生まれることはあまりありません。２章Ｐ54のように、体や膝が曲がり足先で無理に蹴っているようなキックになります。

かといって、スキマを作ることが目的になってはいけません。「ボールとは違う軌道を走る」と同じように、スキマは目的地を認識した結果としてできるものです。ボール越しに景色を覗けているか、その中から認識を作れているか、それを見るための指標として、スキマができているかどうかを見るといいでしょう。

ボール越しに景色を覗けていると、体にスキマができます。

Column

サッカーと言語

05

前提を共有できた時に世界トップレベルに追いつくことができる

前提の違いによるすれ違いを、よりサッカーの現場に即した形で見ていきましょう。

例えば、ゲーム形式の練習でコーチがプレーを止め、選手に直前のプレーについて問いかけるフリーズコーチング。指導者から「どんなプレーをすべきだったか?」と問われると、多くの選手が答えられると思います。プレーが止まった瞬間にカメラが切り替わり、自分が見ている景色とは別の視座が設定されることで、“やるべきプレー”をするための情報が入るからです。この現象に、日本サッカーが発展していくための大きなヒントがあると思います。

日本語は、お互いに共有している情報を省略することができるという特徴を持つ言語です。しかし、その情報(前提)を共有しないままでサッカーをプレーすると、ボールを中心にそれぞれの場所からそれぞれがバラバラの角度で視座を設定してしまう危険性も併せ持っています。

だからこそ、どんな状況でどこにカメラを置き、何とつながるべきなのか、何を覗くべきなのか、それぞれがボール越しに何を目指すのか、といったことを整理する必要があるのです。それができた時に、みなさんのプレーは今よりも断然やりやすいものになると確信しています。

私は日本語話者だから“いい選手”になれない、と悲観しているわけではありません。言語化の重要性がサッカーに限らず叫ばれている昨今、高い目標を掲げてがんばれるサッカー少年少女が多い日本だからこそ、それぞれの努力の方向性をひとつにできるような物事の見方と前提を整理できたら、世界トップレベルにも追いつけると考えています。

6

プロが覗く“景色”

マンチェスター・ユナイテッド公式 YouTube チャンネル

最後に、トップレベルがどのような視座から
“覗いて”いるかを見てみましょう。
ここではイングランド・プレミアリーグの 20-21 シーズン第 31 節
トッテナム・ホットスパー vs マンチェスター・ユナイテッドの
一戦を例に用いて解説します。
QR コードを読み取り、公式ハイライト映像を見ながらご覧ください。

相手の認識を覗いて シュートに持ち込んだカバーニ

まずは一連のプレーを確認しましょう。前半の半ば、マンチェスター・ユナイテッドの中盤がパスをつなぎ、フレッジがボールを受けます❶。そこからポグバへ縦パスを入れ❷、少しキープした後、ＤＦラインの裏へ抜け出したカバーニへスルーパスを出し❸、カバーニはダイレクトでゴールを決めました❹。ゴールは取り消されてしまいましたが、一連のプレーは、本書で述べているような「覗く」ことのお手本でした。

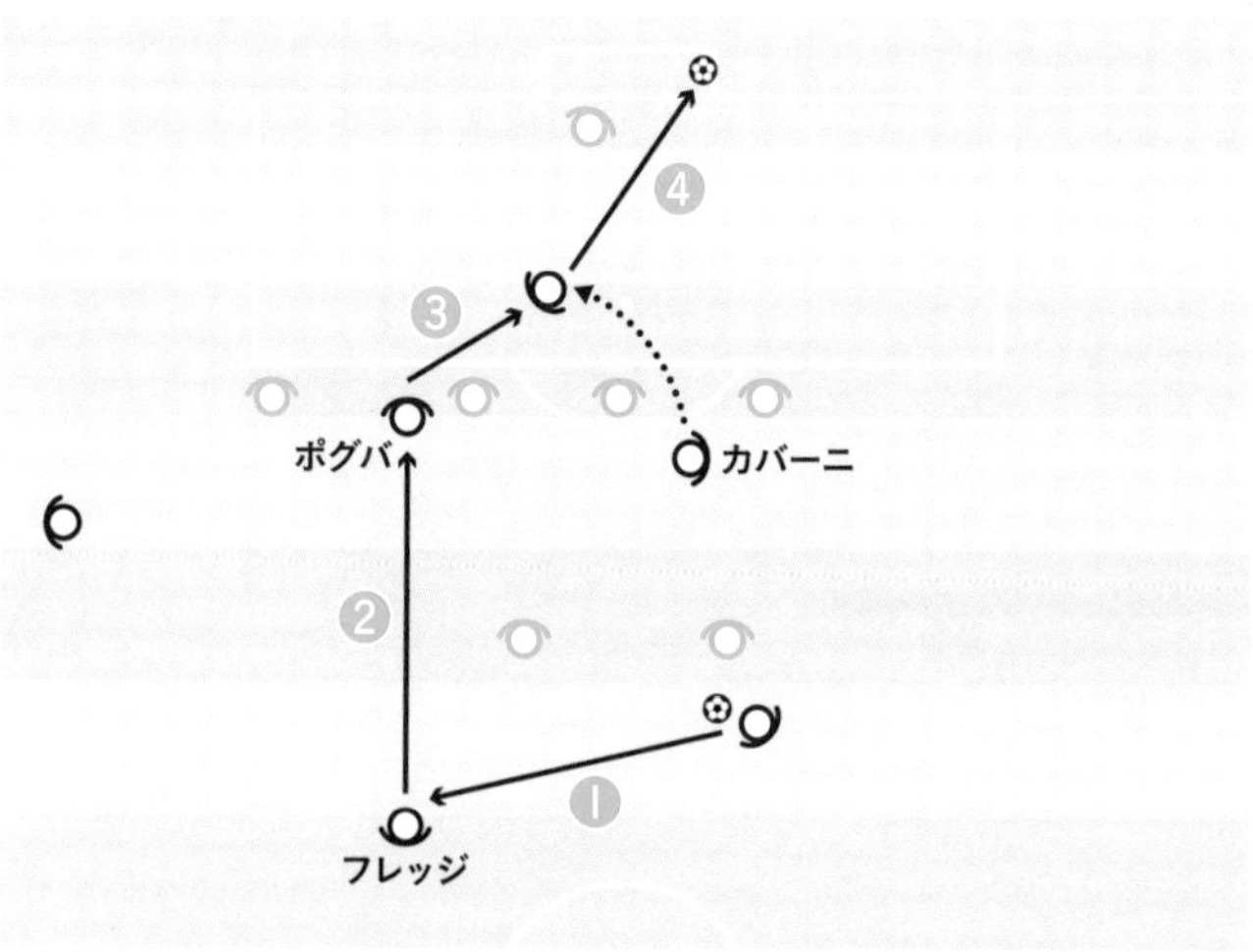

フレッジ、ポグバ、カバーニが絡んでシュートまで持ち込んだ一連のプレー。ゴールは取り消されてしまいましたが、視座やボールなしペアリングの要素が凝縮されていました。

この時、それぞれの選手が何を認識していたか、何を覗いていたかを整理します。まずフレッジは、ボールを受ける前に前方をチラッと見て、ポグバとのボールなしペアリングを作っています❶。そして胸合わせでボールを受けた後、前方へ持ち出します。

フレッジがボールを受けるのを確認したポグバは、ボールを受ける準備をします。この時、ポグバは先にカバーニ❷や背後のスペース❸とのボールなしペアリングを作り、そこへ接続できるポジションに立っています❹。その結果、フレッジ、ポグバ、カバーニの3人で直角三角形ができています。また、カバーニとポグバはDFラインの背後のスペースも共有しています。

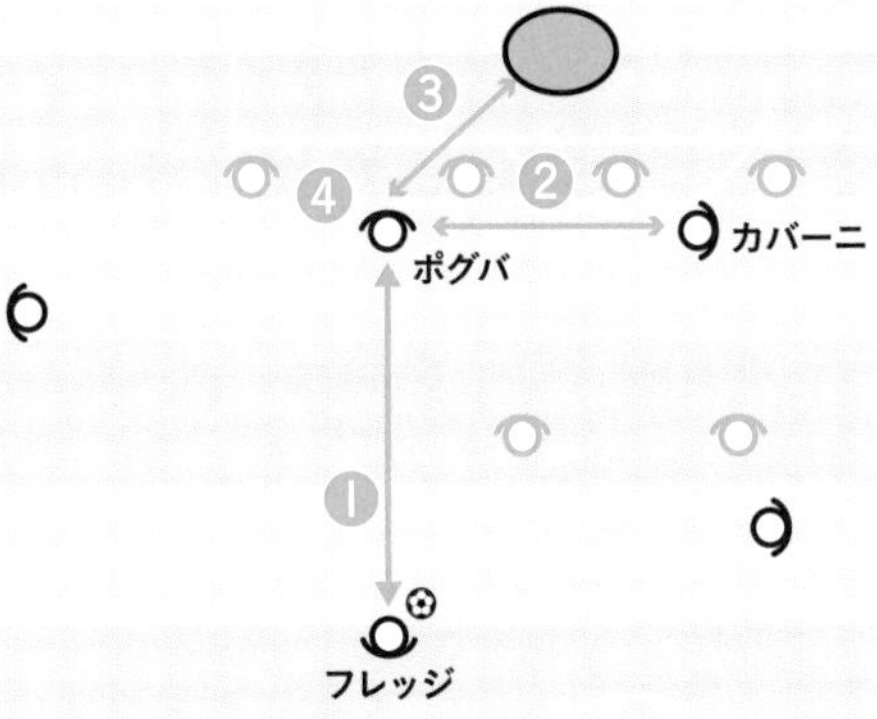

それぞれの選手が、ボールなしペアリングによってどことつながっているのかを示したのが上の図です。

次に、ポグバにボールが入り前を向きました。ボールホルダーが前を向くと、DFはその景色を塞ぐ立ちどころを取ります❶。この場合、自分たちの背後のスペースやシュートコースを塞ぐ位置です。

カバーニは、DFが見ている景色を逆手に取り、ポグバの真横に近寄ります❷。相手DFが後ろに下がっているのとは反対に、カバーニがボールへ近づいているのがわかります。

このシーンでも、ポグバに対するボールありぺアリングだけになってしまう選手は多いです。そうなると、相手DFの動きや、ボールを受けた後のプレーが想像できず、手詰まりになってバックパスを戻すか、最悪の場合はボールを奪われてしまうでしょう。

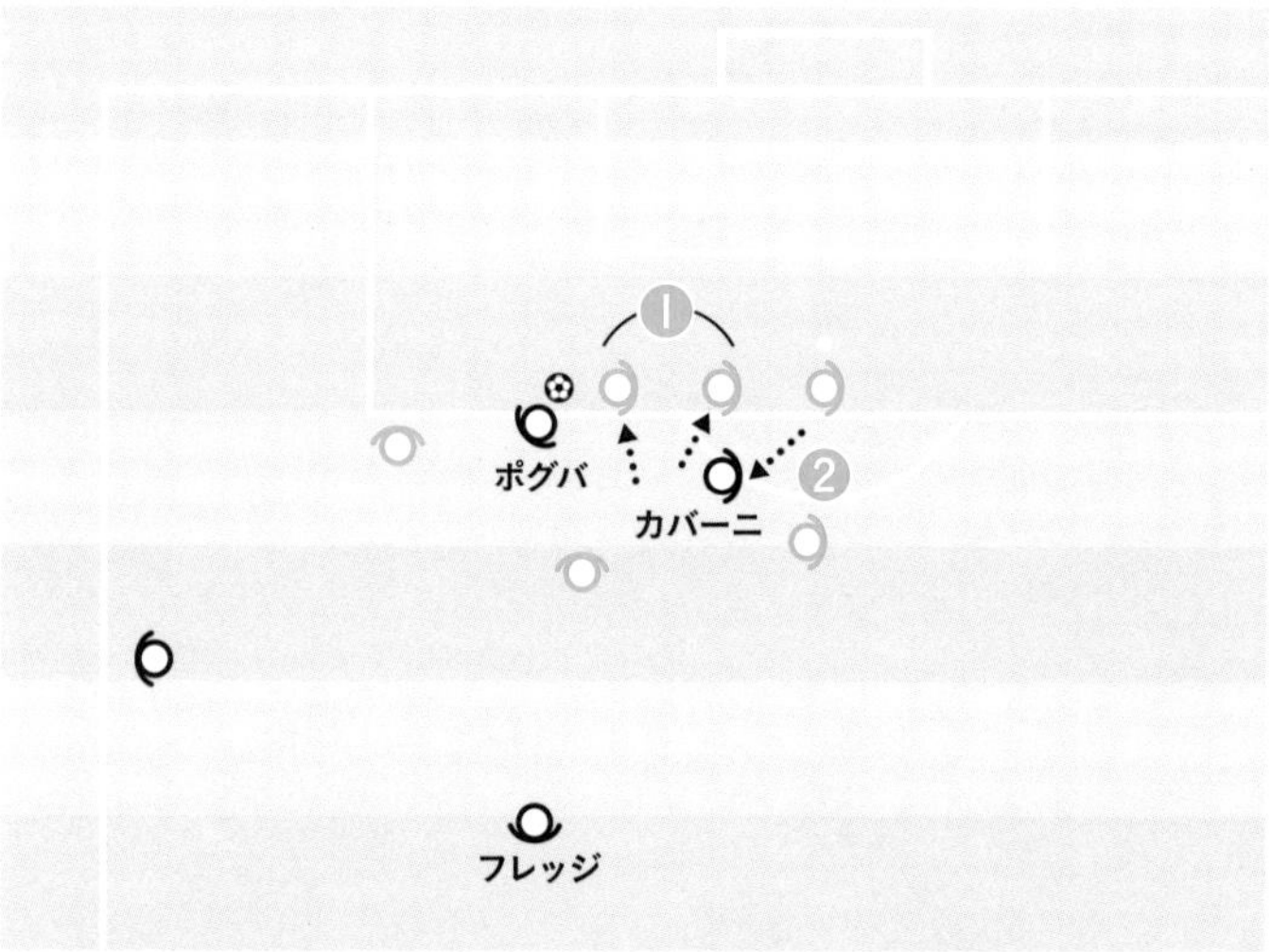

カバーニの視線はポグバに向いていますが、認識は相手DFの動きを捉えています。そのため、相手DFがゴールへのコースを塞いだらその逆の動きをする、ということができるのです。

ポグバが数秒キープしている間に、相手DFがカバーニに気づき、カバーニへのパスを塞ごうとして立ちどころを変えます❶。しかし、カバーニとポグバは常にDFの背後のスペース越しにゴールを覗いていたため、カバーニはDFが自分に認識が向いた瞬間に前方へ走り出し❷、ポグバは瞬時にパスを出すことができました❸。最後のカバーニのシュートは、ボールの軌道を認識してボール越しにゴールを覗きながら蹴っています。カバーニが走るコースも、ボールの軌道とは違うものになりました。

一連のプレーでは、フレッジ、ポグバ、カバーニは常にボールなしペアリングがあり、ボールホルダーとは別のスペースやゴールとつながり、三角形を作ることができています。

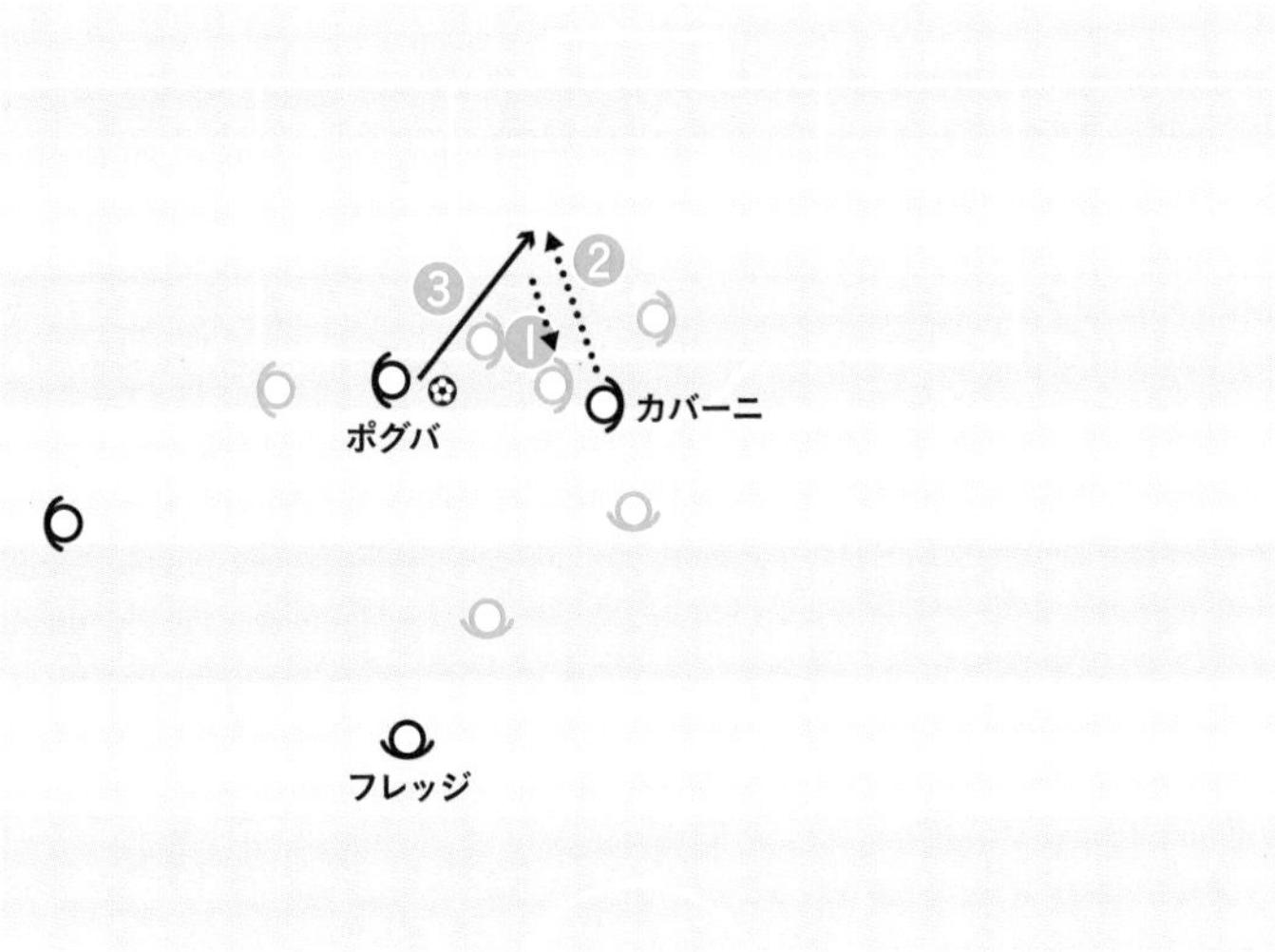

相手DFがポグバのパスコースを塞ぎにきた瞬間に、カバーニは裏へ抜け出しています。相手が見ている景色を覗き、その逆をついたということです。

一連のプレーで、ポグバとカバーニの視座と認識を見てみましょう。まずフレッジにパスが入った段階で、ポグバは背後のスペースとカバーニとのボールなしペアリングを作っています①。カバーニも同様です②。同時に、ポグバやカバーニの視座はフレッジ越しになっており③、パスの出し手から覗いた時に自分たちがどの位置に立てばいいか、ということも考えています。

次に2枚目の図でポグバがボールを持った時の視座を考えてみましょう。ポグバとカバーニは背後のスペースとのボールなしペアリングを作っているので、そのスペース越しにゴールを覗いています④。同時に、ポグバは自分に対応しているDFの、カバーニも自分のマークについているDFの景色を覗き、その逆をつく準備も整えています。

3枚目の図で、カバーニのマークについているDFが、ポグバからカバーニへのパスコースを覗いて塞ぎにいった瞬間に⑤、カバーニは背後のスペースへ走り出します⑥。ここでもカバーニとポグバはスペース越しにゴールを覗いているので、二人の視座はスペースのあたりです⑦。カバーニはその視座のままポグバからのパスに走り込み、ボールの軌道を認識した時点でボール越しにゴールを覗き、ダイレクトでシュートを決める、という流れのプレーでした。

本人たちに話を聞いたわけではないので、本当にこのような考え方をしていたかどうかはわかりません。しかし、こういった考え方、視座の持ち方でプレーをすると、彼らと同じようなプレーができる可能性が高くなります。

ポグバはフレッジからのパスをもらうために、フレッジと正対して胸合わせをしています。しかし、自分の背後のスペースも認識しているので、ボールのみに集中しているわけではありません。

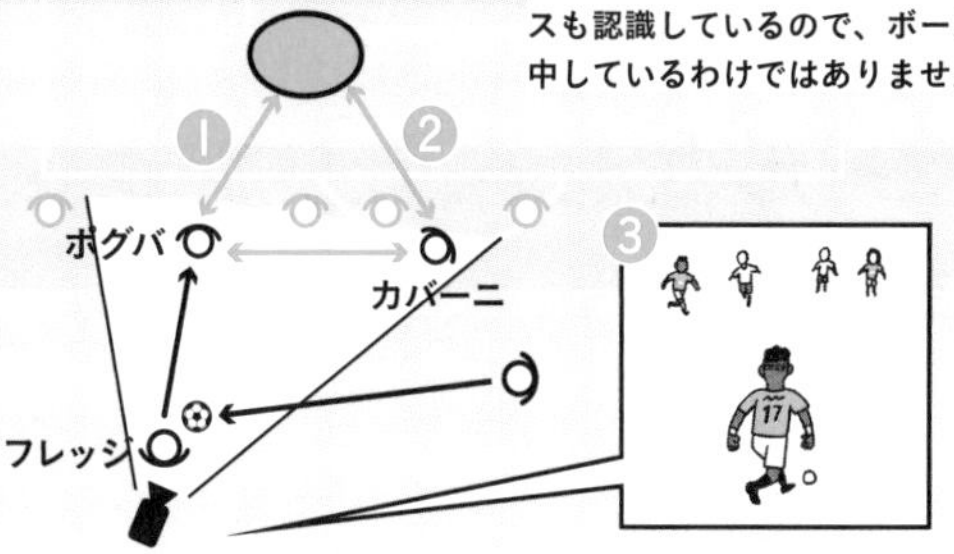

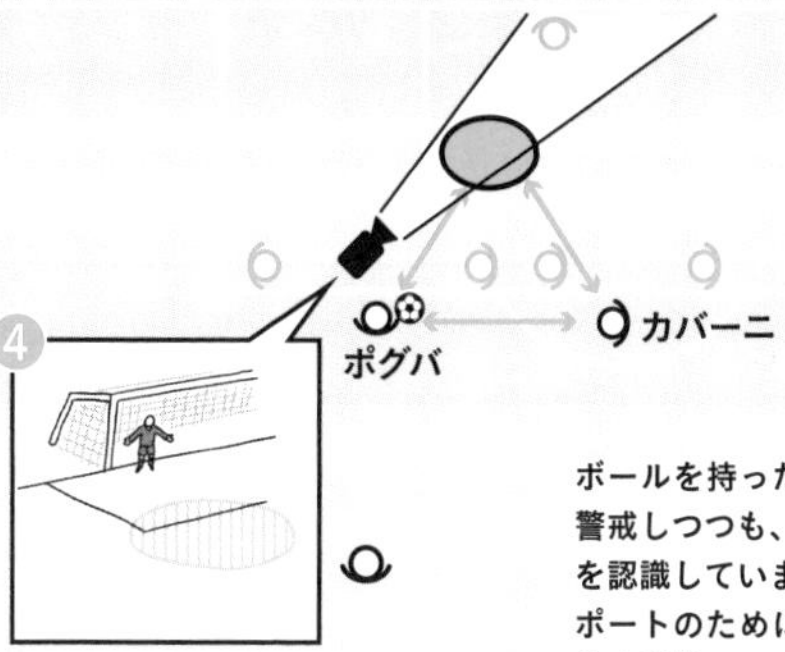

ボールを持ったポグバは、目の前の DF の動きに警戒しつつも、背後のスペースやカバーニの動きを認識しています。またカバーニも、ポグバのサポートのために胸合わせをしつつ、相手 DF の動きや背後のスペースを認識しています。

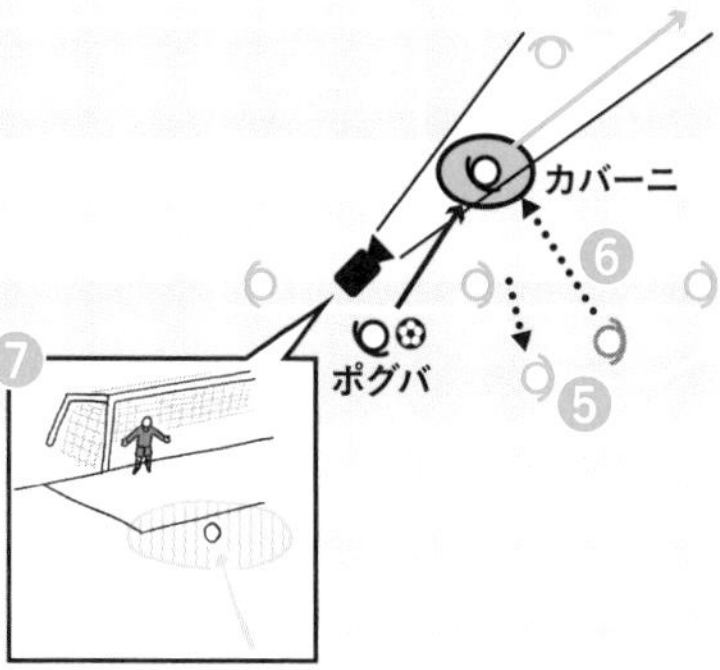

カバーニは、DF の認識が自分に向いたことを見計らって、裏のスペースへ飛び出します。ポグバもその動きを察知して、背後のスペースへパスを出します。ポグバとカバーニが、相手 DF、スペース、お互いの動きを認識し合っていたからこそできた動きです。目の前の相手やボールに認識が集中していると、こういった動きはできません。

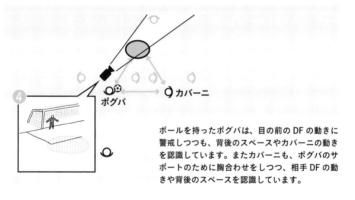

Section 02

「ボールなしペアリング」でパスラインを作ったソンフンミン

前半40分のトッテナムの攻撃で、右ＳＢのオーリエから早いタイミングでクロスが入り❶、ＦＷのケインへ。これをダイレクトでさばきＦＷルーカスへ落として❷、ＤＦラインを突破。ルーカスもダイレクトで折り返し❸、最後はＦＷソンフンミンが押し込みました❹。ワンタッチプレーが続いた見事なゴールの中に、「覗く」プレーがいくつも散りばめられていました。

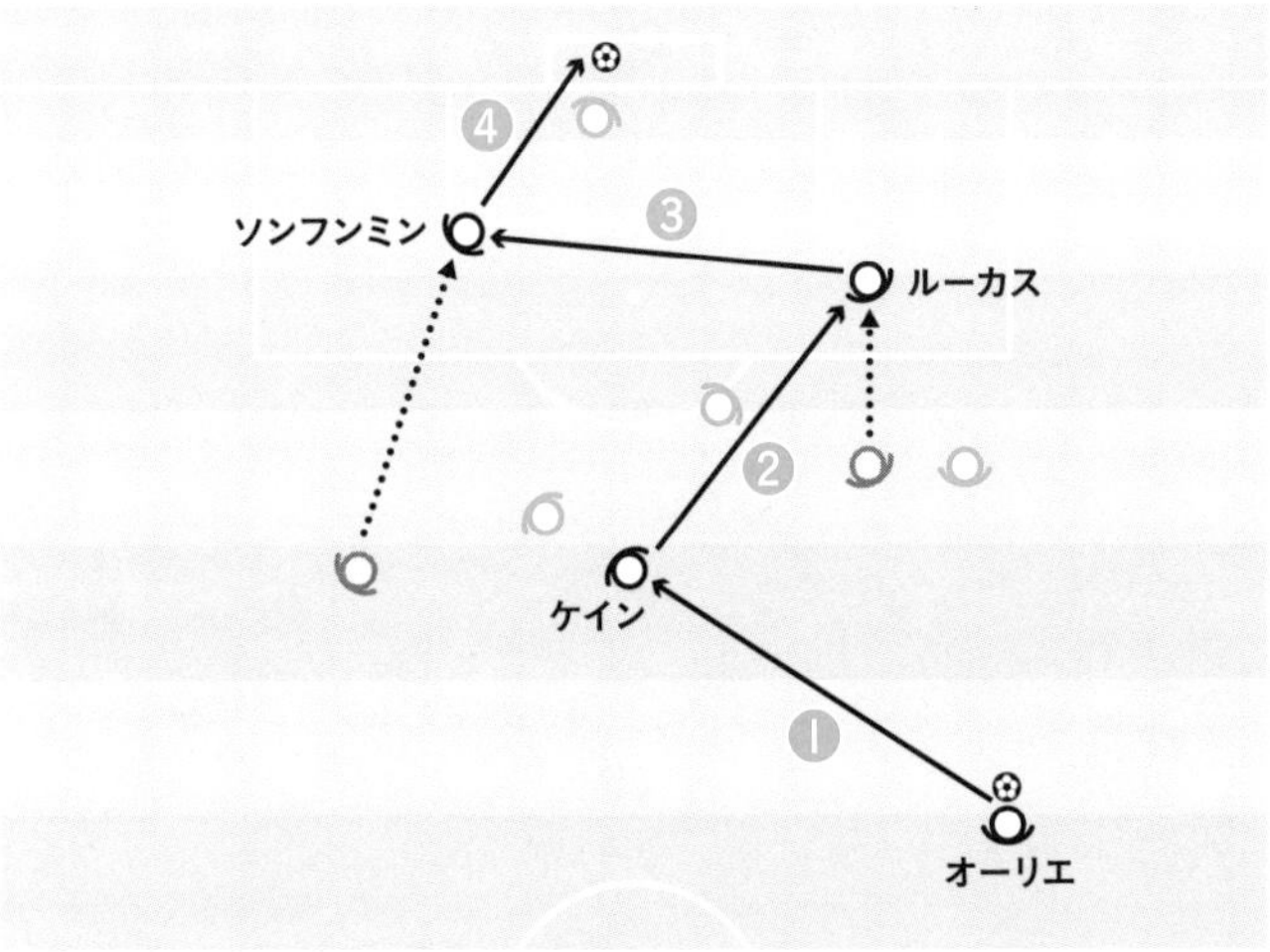

ソンフンミンはフリーでゴール前に走り込み難なく決めたように見えましたが、それはゴールへのボールなしペアリングを作れていたからです。

ひとつひとつ見ていきましょう。まず、オーリエが早いタイミングでクロスを上げ、ケインの足元へボールを届けます。ケインはルーカスへダイレクトで落とし、ルーカスがDFラインの裏に抜け出しました。DFが足元に転がってきたボールをうまく処理できなかったという幸運もあったのですが、正確なパスとタイミングを見た走り込みでチャンスを作っています。

ここでルーカスは、ケインへボールありペアリング❶と同時に、スペースへのボールなしペアリング❷もできています。ケインもルーカスのボールなしペアリングを認識できているため❸、ゴールとより強くつながっているルーカスへダイレクトでパスを出します。ボールが抜けたのは多少の運もありましたが、味方のペアリングを認識しながらプレーしていたのは間違いないでしょう。

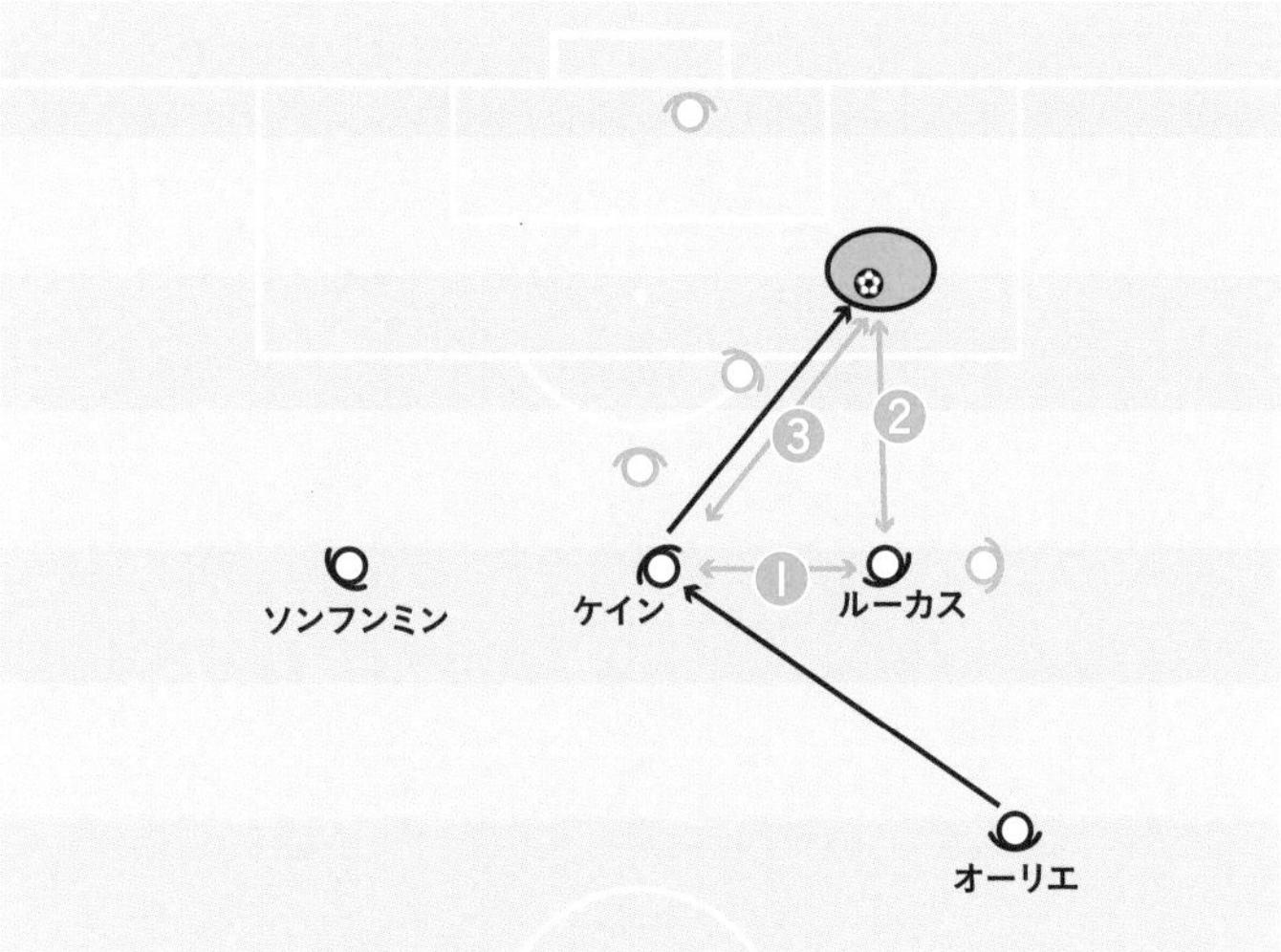

ケインからルーカスへのパスは、相手DFの処理のミスやディフレクションがあり、ルーカスにとっては予測が難しいものでしたが、ルーカスは難なく反応してダイレクトでクロスを送りました。これは、ゴールへのボールなしペアリングがあったからこそできた反応です。

次に注目したいのはソンフンミンです。まず、オーリエからケインにパスが入る時には、ケインとのボールありペアリングが強くなっているように見えます❶。しかし、ルーカスにパスが出た瞬間にペアリングが切り替わり、ルーカスへのボールありペアリングと❷、ゴールへのボールなしペアリングが強くなりました❸。この時点で、自分、ルーカス、ゴールという三角形が成立しており、視座は図のように設定されています❹。

ペアリングが切り替わった瞬間、ソンフンミンはゴールへの認識を強めつつ、ルーカスに向かって胸合わせをしています。それによりルーカスはパスラインが明確になり、ダイレクトでパスを出すことができました。ソンフンミンは、パスの軌道上でステップを変え、ゴールと胸合わせできる位置でシュートを打ちました。

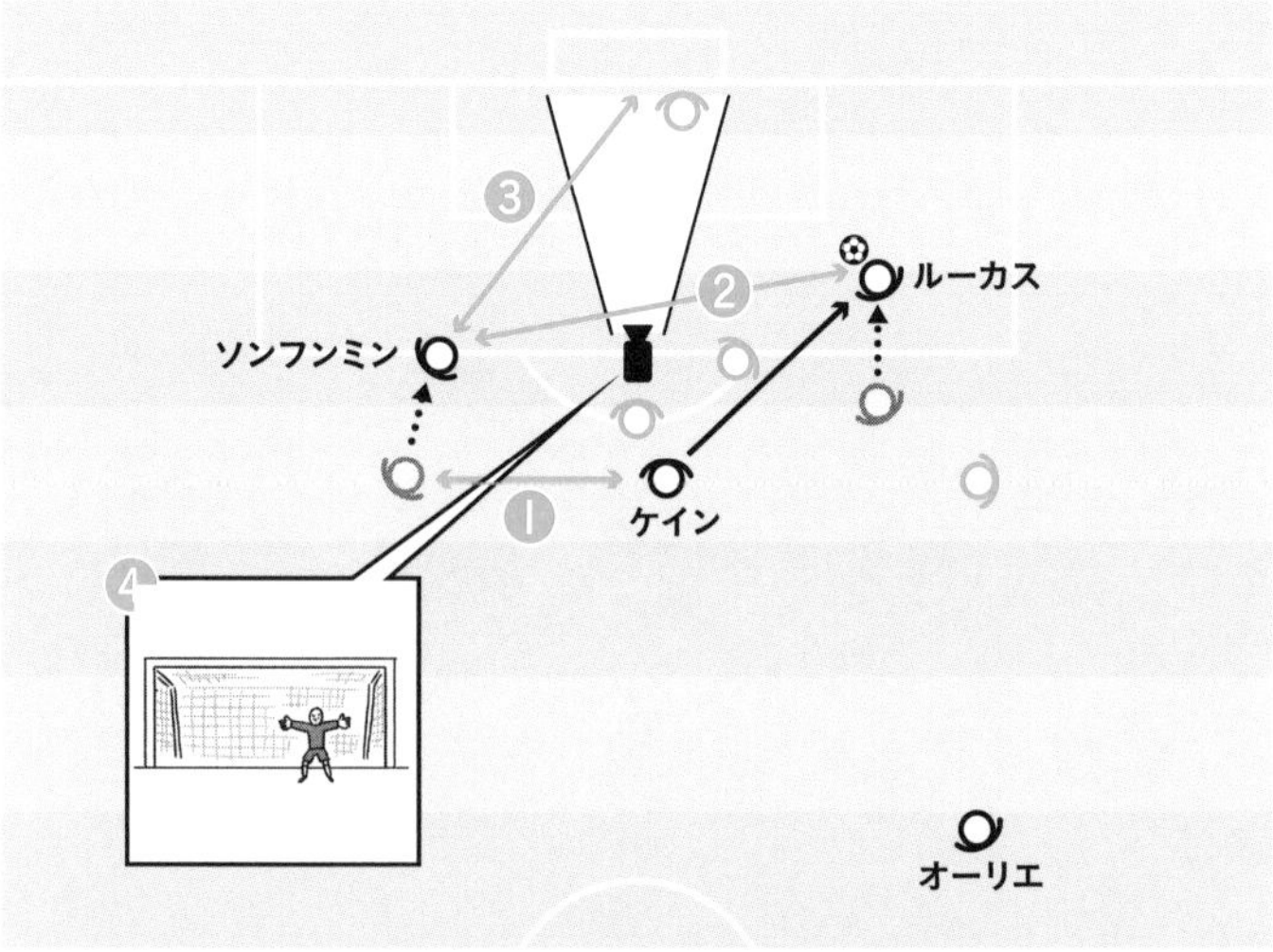

ペアリングでつながる先は、試合の状況によって臨機応変に変えていく必要があります。この場面では、ソンフンミンが意識をつなげる先がどのように変わっているかに注目してください。

ありがちなミスは、ソンフンミンの位置で待ち構える選手が、ボールありペアリングが強くなりすぎてしまい、うまくシュートを打てないことです。ボールに集中するあまり、ゴールへのつながりや認識を作ることができず、いざボールが転がってきた時には体をひねるようなシュートになります。もちろんそれでゴールが決まることもありますが、難易度は高くなるでしょう。自分に相手DFのマークがついていると、ボールへの認識がより強くなりやすくなります。

また、パスを出す選手にとっても、ボールありペアリングが強くなりすぎてしまうと、どこへクロスを出すべきかがわかりにくくなります。ピンポイントで中の選手が合わせられる場所に出さないと、ボールが後ろに逸れてしまう可能性が高いからです。

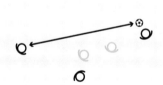

ボールホルダーへのボールありペアリングが強くなりすぎると、そのラインにぴったり合うパスが出てこないと、クロスに合わせることが難しくなります。Jリーグでクロスが合わない場面の多くは、ボールホルダーへのつながりが強くなりすぎてしまっていることが多いです。

Section 03

攻撃の始点からゴールまでのフレッジの視座を覗く

中盤でフレッジがボールを持ち、ブルーノ・フェルナンデスへ縦パス①。一度ためてからフレッジへ返し②、フレッジはダイレクトでラッシュフォードへ③。さらにその落としを受けたフレッジがカバーニへスルーパスを出し④、カバーニがシュート⑤。キーパーに弾かれたものの、勢いそのままに走り込んだフレッジがゴールへ押し込みました。

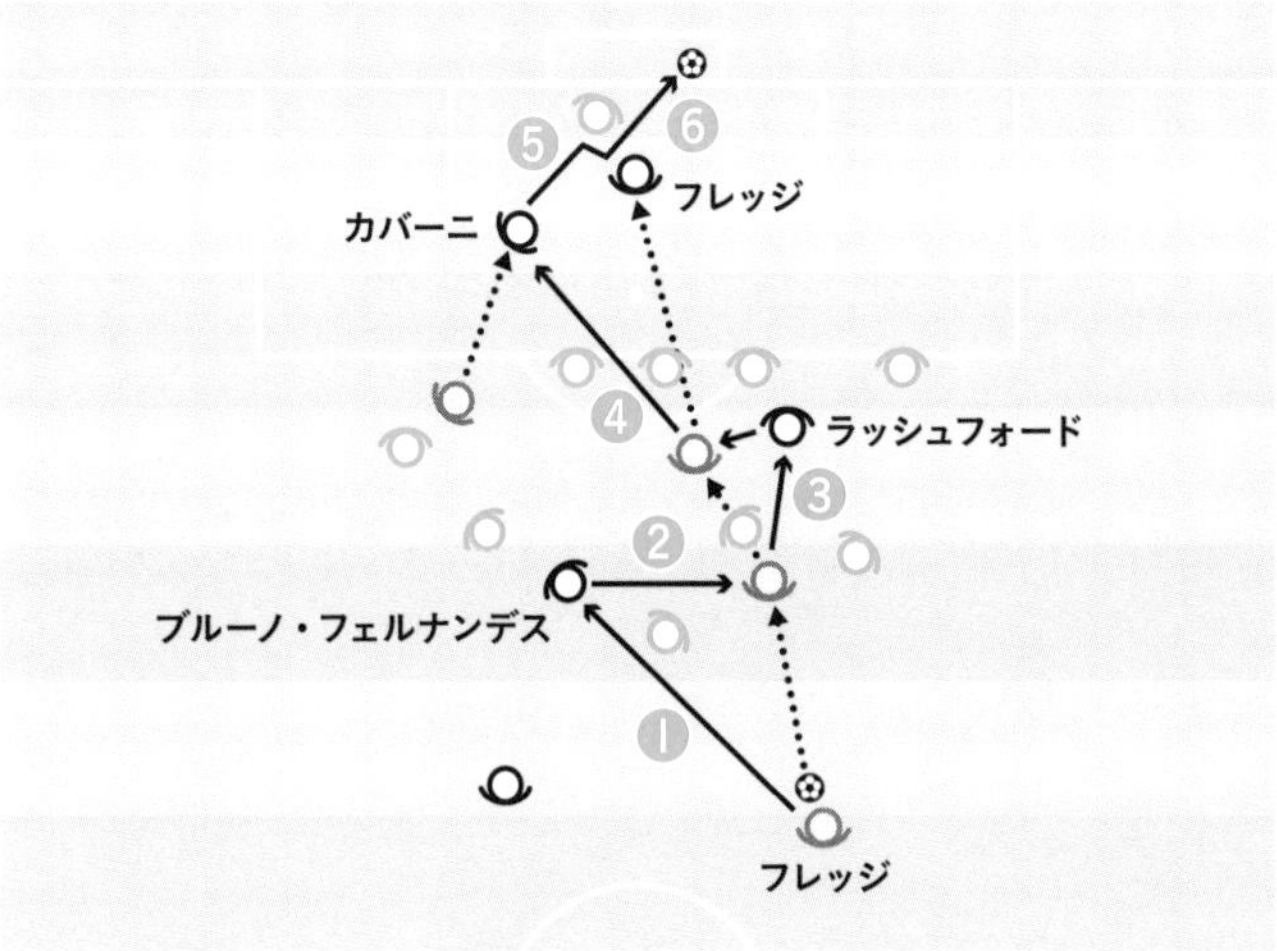

攻撃の始点となったフレッジが次々にパスをつないで相手陣内に侵入し、最後はゴールを決めました。一連の視座や認識を見てみましょう。

最初のフレッジの縦パスから見ていきます。パスを受けようとしているブルーノ・フェルナンデスは、前線の2選手（ラッシュフォードとカバーニ）とのボールなしペアリングを作った上で❶、フレッジと胸合わせでボールを受けにいきます❷。この時、CBのマグワイアも、ブルーノ・フェルナンデスとのボールなしペアリングを作り、パスを受けられる体勢を作っています❸。仮に前線への展開が難しい状況になれば、マグワイアへバックパスを出して、攻撃を作り直していたでしょう。

フレッジも、パスを出した後に自分が走り込むためのスペースとつながっています❹。これがブルドーザーシステム（P164）です。

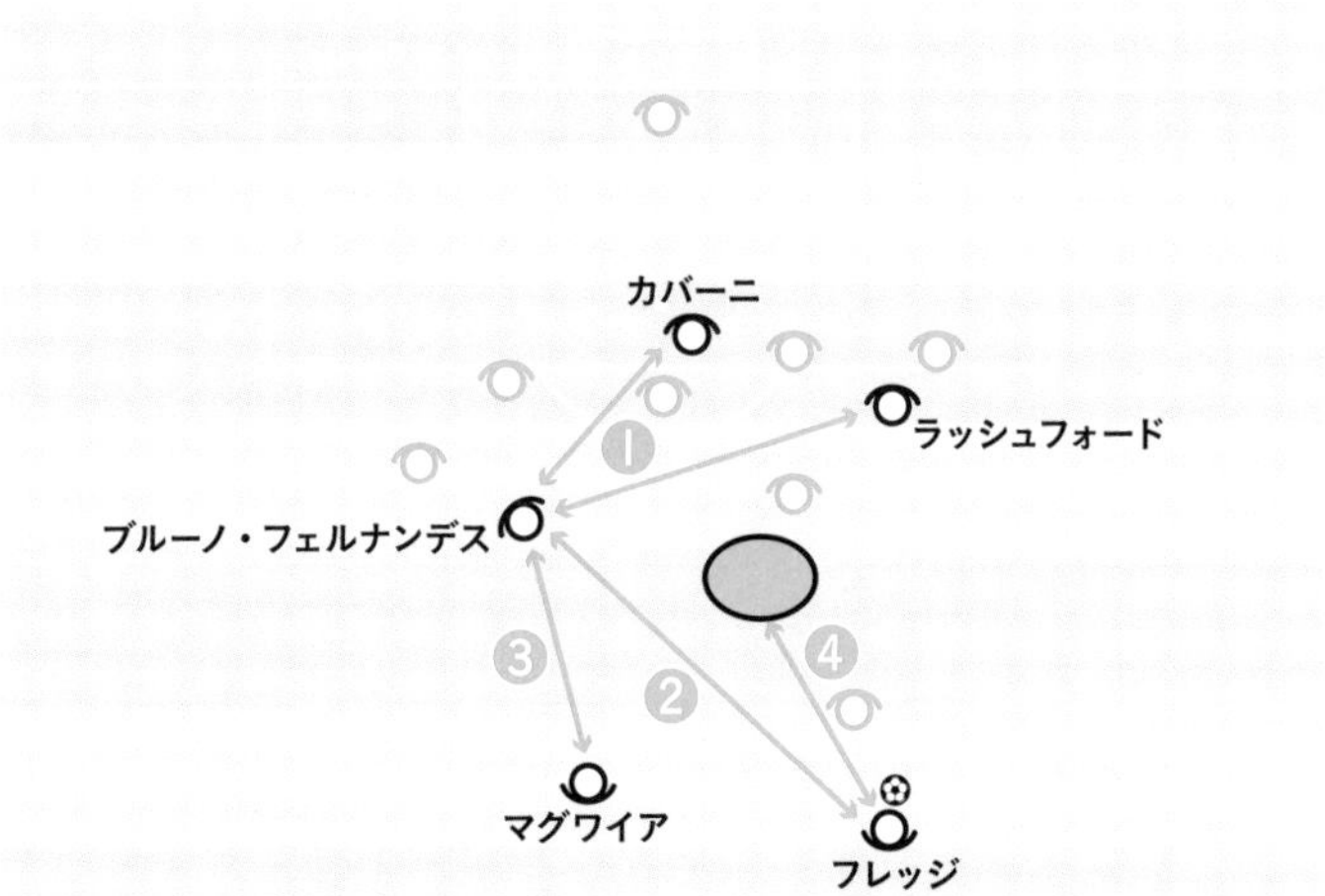

攻撃の口火を切る縦パスの時点で、これだけのペアリングが作られていました。仮にどこかのルートが塞がれていたとしても、別のルートから攻撃ができていたでしょう。

フレッジからブルーノ・フェルナンデスへパスが出ました❶。ブルーノ・フェルナンデスは背後のFW2人とペアリングができていますが❷、自分のマークについているDFの気配も察知しているので❸、トラップしてDFを引きつけた後にフレッジへリターンします❹。フレッジもスペースとペアリングしていたため、スムーズに入り込んでボールを受けます。

FWの動きも見てみましょう。最初のパスが出た時点で、ラッシュフォードはフレッジへリターンパスが出ることを察知しています。よって、フレッジがパスを受けるであろうスペース越しにボールなしペアリングができており❺、そのスペースと胸合わせして、次のパスを受ける準備をしています。

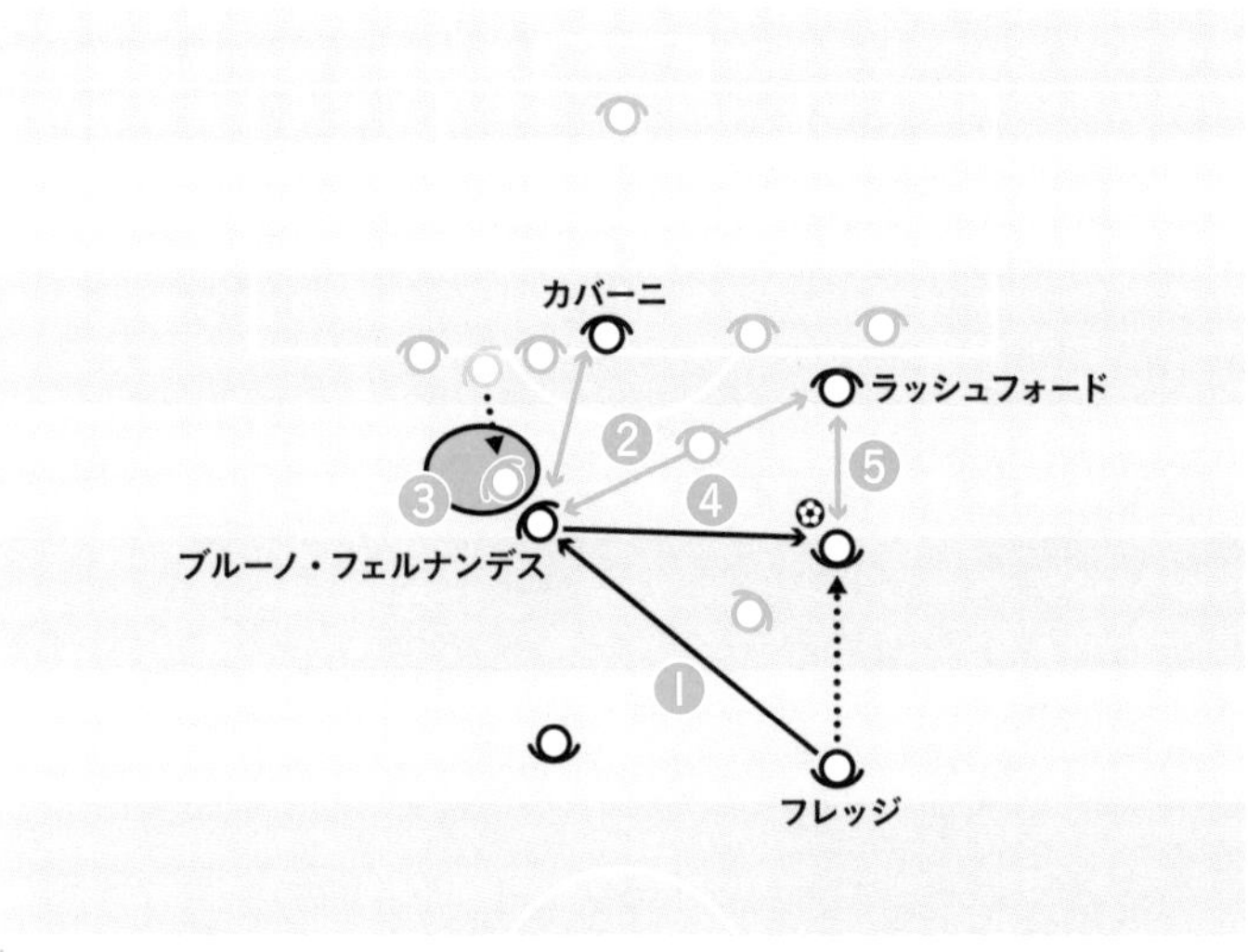

ボールなしペアリングの連続が連携である、ということを示すいい例です。次にボールをもらう可能性のある選手が、どのタイミングでつながりにいくかが重要です。

フレッジからラッシュフォードへ縦パスが出されました①。ラッシュフォードは、自分の背後のDFを察知し②、フレッジがリターンパスを受けるスペースとペアリングをしているので③、シンプルにパスを返します。

この時、もう一人のFWのカバーニは、相手DFの配置やフレッジとラッシュフォードの関係性から、現時点で自分へパスが出てくることはないと判断します。そして、落としのボールを受けたフレッジとつながれるように、フレッジがリターンパスを受けようとするスペース越しにゴールとスペースを覗きます④。具体的な動きも、ボールとつながっている相手選手と、ゴールとつながっているカバーニでは、走る方向や体の向きが違うことがわかると思います。

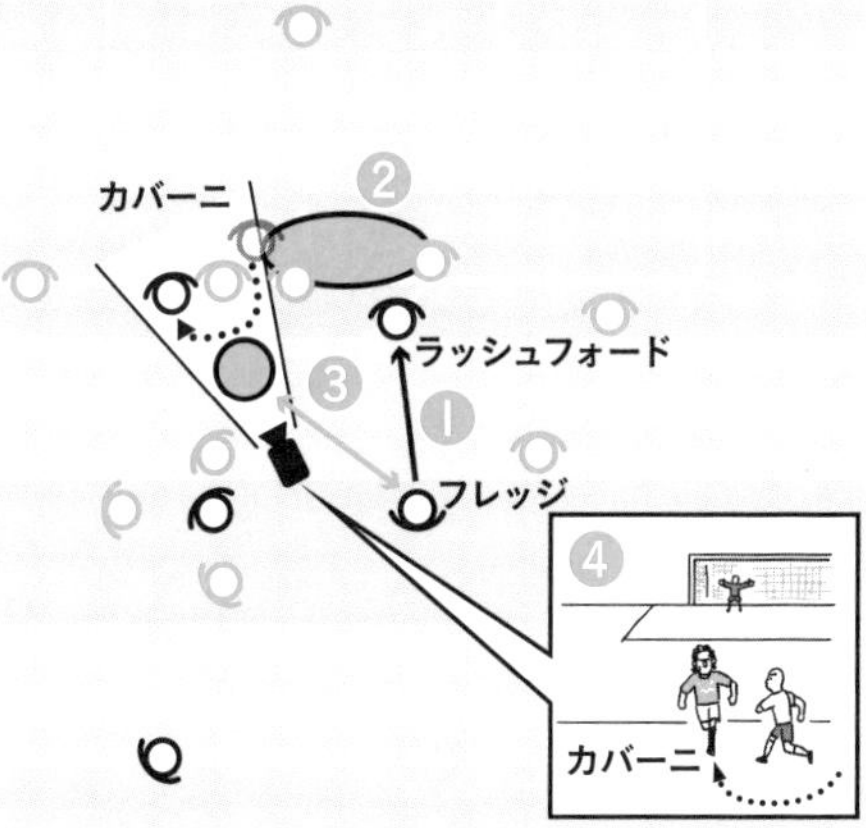

ボールとつながらず、1人だけ特異な動きを見せているのがカバーニです。常にゴールとのボールなしペアリングがあり、それを前提に動きが決まっています。

フレッジがリターンパスを受け、ダイレクトでカバーニへスルーパスを出します❶。カバーニはすでにフレッジがリターンパスを受けるであろうスペースとペアリングを作っていたので❷、フレッジがパスを出す瞬間に一人だけ体が前向きになり、相手DFよりも速く走り出すことができています。スルーパスはやや足元に入ってしまい、シュートも詰まり気味でしたが、GKに弾かれたボールを再びフレッジが押し込みゴールしました❸。

よく見かける悪い例は、縦パスを出して動きが止まってしまう中盤や、ボールとつながり続けてしまうFWです。パスを出した後のペアリングがないと、パスを出してその場で止まってしまいます。もちろんなんでも走ればいいというわけではありませんが、こういった狭いスペースでの展開では、常に「未来」を覗き続ける必要があります。

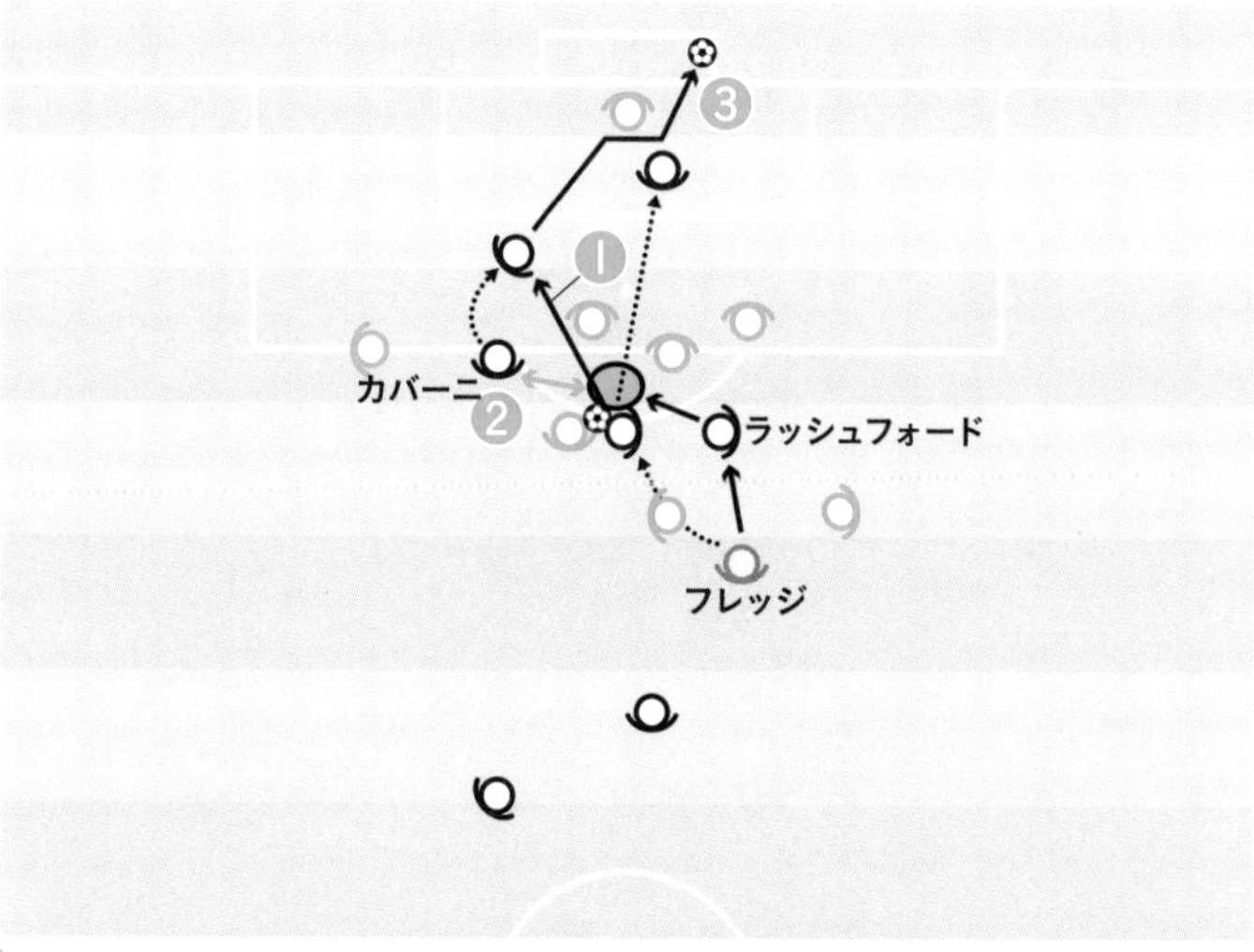

最初にパスを出したフレッジが、勢いを止めずにゴール前まで侵入してゴールを決めました。ボールなしペアリングができると、流れを止めずに攻撃を展開することができ、相手を押し込むことができます。

ボールとつながり続けてしまうFWは、どのような動きになるでしょうか？　例えばフレッジからカバーニへのラストパスは、足元で受けようとしてその場で止まってしまいます。攻撃の流れは途切れ、そのまま相手に奪われるか、後ろへ下げることになります。これは、視座が自分の目線で固定されて、ボールホルダー越しのゴールへの景色が覗けていないため、まずトラップしてからプレーしようとするからです。

視線の先にボールがあり、背後に目的地（ゴール）がある状況では、視線はボールに向けつつ、認識はゴールに向ける必要があります。目的地が定まり、そこを覗けていれば、たとえ相手が目的地へのルートを塞いできたとしても、別のルートを覗き直してシュートまで持ち込むことができる、ということです。

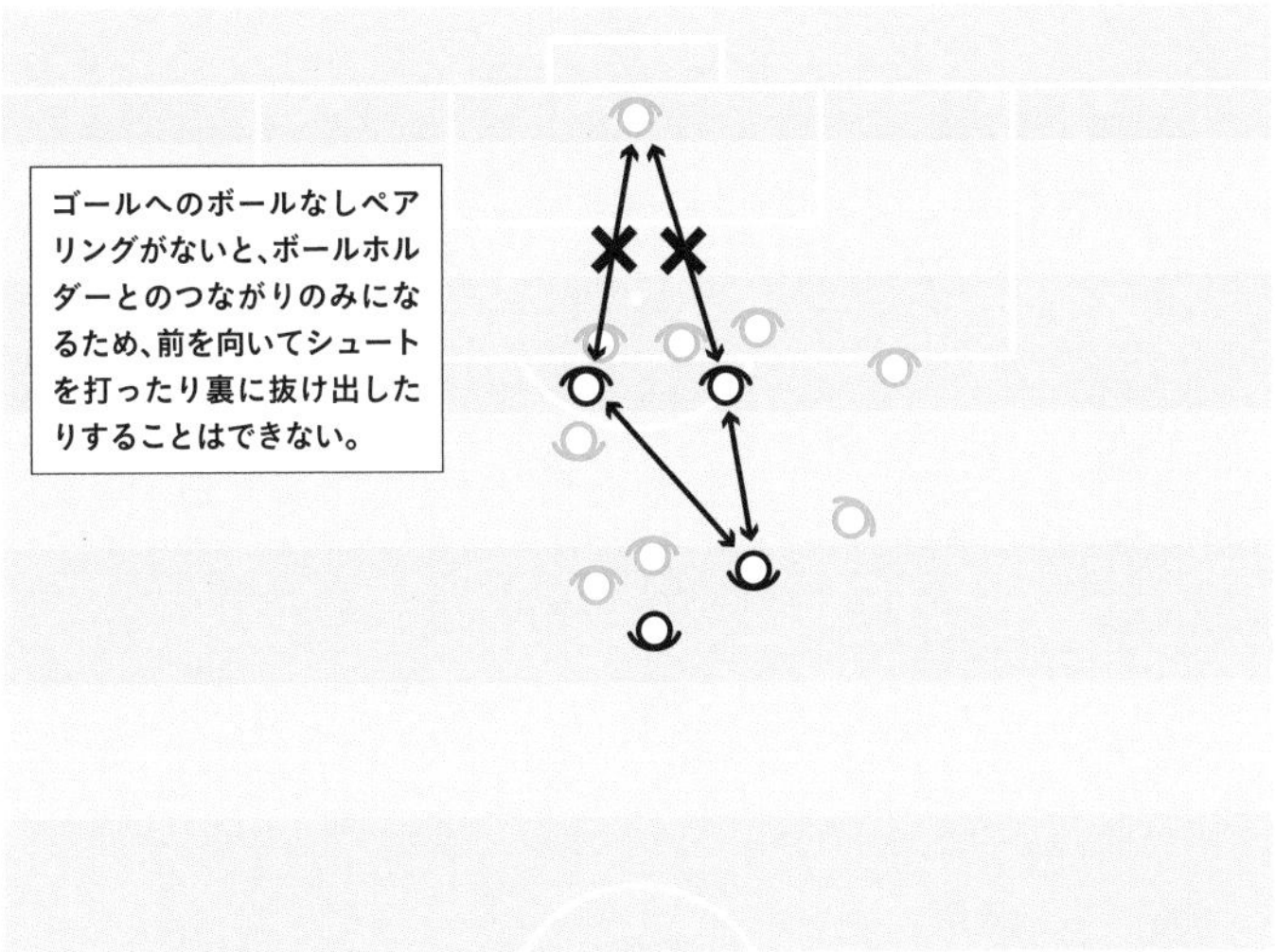
ゴールへのボールなしペアリングがないと、ボールホルダーとのつながりのみになるため、前を向いてシュートを打ったり裏に抜け出したりすることはできない。

こうした場面は、FWにとっては難しい場面です。覗くべき目的地（ゴール）と、認識すべきボールが反対方向にあり、普通にプレーしていると認識の中心がボールになってしまうからです。視線はボールに向けつつも、認識はゴールに向ける必要があります。

ONIKI TERMS

P.42
（〜の）認識
目的地の認識、頂点の認識など、“やるべきプレー”のために設定するもの

P.36,56,120
覗く
ピッチ上の景色を、ボール越し、スペース越しなど、自分が見える景色以外の視座で認識すること

P.75,94
ボールありペアリング
ボールやボールホルダーとのつながりのこと。サッカー選手は強制的にボールありペアリングを持たされる

P.75,94
ボールなしペアリング
ボールやボールホルダー以外とのつながりのこと。意識的につながりを作ろうとしないとボールなしペアリングは生まれない

P.144
ボールの置きどころより立ちどころ
（置きどころより立ちどころ）

「ボールをどこに置くか」よりも先に、どこに目的地があって、そこに向かうために自分がどこに立つかを考えること

P.164
ブルドーザーシステム
目的地ーボールー自分という位置関係の場所に立ち続けること

P.182
胸合わせ
パスをもらう時に、ボールホルダーに対して正対すること。パスを出す合図になり、パスのラインを決めることができる

P.55,156
目的地（の認識）
ボールなしペアリングによってつながる先のこと。最大の目的地はゴールで、ゴールに向かうために中継地を設定していく

P.24
やるべきプレー
自分が得意なプレーややりたいプレーよりも、試合の状況に応じた最適なプレー

フットボールスタイリスト 鬼木祐輔 用語集

P.22

いい選手

「やるべきプレー」をすることでチームを勝利に導くことができる選手

P.88

「今」の形から「未来」を見る

現在の状況を見て、少し先にどんなことが起こるのかを予想する力のこと

P.189

お覗き覗き

自分が覗いている景色をあえて相手に覗かせ反応した時に、逆をついて突破する方法のこと

P.188

体の向きより認識の向き

視野の確保や体の向きよりも、適切な方向性を持って認識を持つ方が大事、という考え方のこと

P.108

技術とは接続である

試合には流れがあり、流れの中で過去と未来をつなぐために技術を発揮する、という考え方のこと

P.12

視座

ピッチ上のどこにカメラを設定して覗くか、ということ。自分が今見ている景色以外の景色をイメージするために必要

P.196

スキマ

サッカーをプレーしている時に、体が傾いて自然にできる三角形のこと。目的地の認識を持ってプレーすることで生まれやすい。「覗く」こととセットで考える

P.173

球越し

「球際」と呼ばれる局面の競り合いでも、ボール越しに目的地を覗いてプレーすること

P.129, 140

頂点を認識する

味方のボールホルダーの認識を覗き、自分以外のゴールに近い選手とのつながりを認識すること

本文では触れられませんでしたが、私の座右の銘に「**想像力とはリンク力**」という言葉があります。日常の体験や知識を、別の出来事に置き換えることです。例えば、「**技術とは接続である**」とは、アイドルのリズムゲームをやり込むうちにその重要性を強く感じるようになりました。音楽のリズムに合わせて画面をタップして、その正確さを競うゲームです。慣れないうちは画面に流れてくる音符を目で追って押そうとしますが、タイミングよく押しているつもりが、なかなかうまくいきません。

画面をタップするタイミングは、音楽のリズムによって決まります。目で追っていると音楽のリズムに乗れず、正しいタイミングでタップできません。クリアするためには、音楽のリズムに乗り、一連の音符の流れを認識して、タップするリズムや手順を体で覚えることが必要です。

私はこれが「サッカーでも同じだ」と思いました。「今」目の前に表示されている音符ではなく、次にどんな音符が流れてくるかを想定していないと対応できない。サッカーでも同じように、目の前の相手選手やボールにとらわれていると、次に何か起きた時に対応できないのです。このように、まったく別の事象に思えることとの中に共通点を見出し置き換えて考えることが、私の中では習慣になっています。

本書を手に取ってくださったみなさんの日々の体験と、私がこれまで体験してきたことはまったく別物ですが、この本の内容を自分の出来事に置き換えてほしいと思っています。そういう意味で、本書は「副読本」だと思っています。ストンと腹落ちした方も、なかなか自分に合わない方もいると思いますが、少しでもみなさんのプレーの助けになれば幸いです。

サッカーを通じて人に何かを伝える仕事を始めて、20年近くが経ちました。その間、「どうしたら自分自身が上手くなれるのか?」ということも並行して考えてきました。たくさん試合を見て、たくさん本を読み、たくさん練習もしてきましたが、私自身が〝いい選手〟になれなかったのは、「覗く」という概念が欠けていたからだったと痛感しています。現役時代に知ることができなかったことは悔しいですが、過去に戻ることはできず、今の自分が一番若いので、少しでも〝お覗きさん〟に近づけるように精進し続けようと思います。

幸い、私のまわりには、才能のある指導者や選手がたくさんいてくれるので、私よりも先に彼らが体現して、世界の舞台で〝覗く〟力を証明してくれると信じています。また、まだ私とお会いしたことのないたくさんの方々も、そのあふれる情熱で日本サッカーがまだ見たことがない景色を覗いてくれると信じています。そのために、私自身はいくらでもみなさんの踏み台になる覚悟です。

最後に、私が「体の使い方」という考え方から脱却するきっかけを与えてくれた鈴木陽二郎さんに最大限の御礼を申し上げて、本書を締めくくりたいと思います。ありがとうございました！

鬼木祐輔

鬼木祐輔（おにき・ゆうすけ）

日本唯一のフットボールスタイリスト。日本代表DF長友佑都のパーソナルコーチとして、パフォーマンスアップのための幅広いサポートを行う。言語学、宗教学、哲学など、独自の切り口で指導を行い、多数のプロ選手や指導者から好評を集める。著書の『重心移動だけでサッカーは10倍上手くなる』（ロングセラーズ）、DVD『重心移動アナライズ1・2』（RealStyle）は多くの現場指導者、プレイヤーからの支持を集めた。

本文・カバーデザイン　鈴木彩子
本文・カバーイラスト　タカハラユウスケ
DTP　新藤昇（Show's Design株式会社）
企画・編集・執筆・撮影　中村僚
校正協力　株式会社聚珍社
撮影協力　FFCモラージュ柏 エフネットフットサルクラブ
衣装協力　Chapeu
写真提供（P2, P3, P6, P9, P197）　アマナイメージズ

サッカー「いい選手」の考え方
個とチームを強くする30の方法

著　者　鬼木祐輔
発行者　池田士文
印刷所　萩原印刷株式会社
製本所　萩原印刷株式会社
発行所　株式会社池田書店
〒162-0851
東京都新宿区弁天町43番地
電話 03-3267-6821（代）
FAX 03-3235-6672

落丁・乱丁はお取り替えいたします。

ISBN 978-4-262-16655-1

24025009